30 jours pour devenir UN CHAT

Direction éditoriale : Stéphane Chabenat
Éditrices : Zoé Laboret et Charlotte Sperber
Conception graphique et mise en pages : Nord Compo
Conception graphique de la couverture : olo.éditions

Les Éditions de **l'Opportun**
16, rue Dupetit-Thouars
75003 Paris
www.editionsopportun.com

Stéphane Garnier

30 jours pour devenir UN CHAT

Les éditions de l'**Opportun**

À Anne et Olivier C.
Et leurs chats Mojito et Gaspard

Sommaire

«C'est décidé, demain je suis un chat!»

En voilà une bonne résolution !

Pour autant, est-ce possible ? Et surtout comment s'y prendre pour devenir un chat en trente jours ?

Les chats n'ont pas notre notion du temps, celle du calendrier arbitraire que l'on n'a cessé de modifier et de faire évoluer en fonction de calculs savants et des aléas de l'Histoire.

En premier lieu, ce que je vous propose, c'est de tenir compte ou non de ces trente jours. Comme le ferait le chat !

N'hésitez pas à vous détacher de cette notion de temps, comme lui, et vous en découvrirez nombre de bénéfices au fil de ces pages.

Vous pouvez tout autant suivre ce calendrier mensuel qu'aller picorer en fonction des titres de chapitre ce qui semble le plus vous convenir à l'instant où vous ouvrez ce livre.

Pour commencer à vivre comme votre chat, dès ces premières lignes, appliquez une des règles d'or de votre félin chéri pour cette lecture chatounesque : ne suivez que votre bon plaisir !

Mais au fond, que signifie vraiment : « Vivre comme mon chat » ?

Cela n'implique pas seulement de l'observer et de tenter de mimer certains de ses systèmes de vie, cela implique de vous les approprier, de les intégrer à votre manière de vivre...

Cela implique simplement d'accepter de... CHANGER.

Êtes-vous prêt à changer ? À modifier certaines habitudes pour suivre pas à pas les principes de vie qui régissent la vie paisible du chat ?

Je vous vois sourire, je vous vois douter... Vous entendez ? Votre chat vient de miauler. Est-ce l'heure de déjeuner, ou une invitation à faire cette promenade entre ces lignes, pour changer, à ses côtés ?

Avant-propos

CHAT-LEUREUX

Nos chats, nos amours, nos boules de poils... Je ne peux m'empêcher de me demander souvent, ce qu'ils ont dans la tête.

À quoi pensent-ils ? Mais surtout, à nous regarder si souvent nous agiter inutilement, comment perçoivent-ils nos activités ? Tout ce que nous faisons par automatismes, toutes les interactions avec notre environnement et notre entourage qui nous paraissent si naturelles, comment les perçoivent-ils de leur œil de chat ?

Beaucoup de choses doivent leur sembler étranges, beaucoup d'autres doivent leur sembler bien inutiles et allant à l'encontre de ce qu'ils font à longueur de temps : **cultiver leur bien-être et leur bonheur de vivre.**

Il ne s'agit pas d'anthropomorphisme, de coller des pensées humaines dans la tête du chat, mais de tenter de nous mettre à sa place, dans son œil, et à travers cela, de tenter de comprendre ce qu'il perçoit de notre monde d'humains, et à plus faible échelle, à vos côtés, de votre quotidien.

Que pense-t-il que je fais à cet instant, alors qu'il est allongé sur mon bureau, à me voir taper sur des touches, sans certainement concevoir qu'il s'agit de lettres qui s'affichent sur un écran pour, une fois assemblées, former des mots, des phrases, des pensées ?

Comme nombre d'écrivains ont pu en témoigner, il conçoit et se met en phase avec l'activité d'écriture, dans une forme de partage et de connexion imperceptible avec son maître, pour autant, le jeu des touches lui échappe totalement. Alors, qu'en voit-il ? Qu'en pense-t-il ?

C'est en extrapolant ainsi chacune de mes activités, de mes gestes quotidiens, que j'ai tenté de me mettre dans sa peau, pour comprendre ce que lui pouvait en percevoir, par jeu au départ...

Mais ce jeu m'a emmené beaucoup plus loin en vérité que ce que j'avais imaginé, car à me poser les questions qui pouvaient venir à l'esprit d'un chat, devant une situation ou une activité que lui-même ne pratique pas, ce sont des évidences qui me sont apparues.

Des évidences ? Oui, sur l'inutilité de certaines de mes activités, **sur la mauvaise manière dont je gérai mon quotidien parfois, mon repos, mon temps, mes plaisirs...**

« Pourquoi mon humain fait-il ça ? », peut se demander à juste titre notre chat dans de nombreuses situations, lorsqu'il nous observe du coin de l'œil en train de nous agiter inutilement.

Et dans la tête du chat, de son point de vue, l'évidence de ma bêtise s'imposait souvent d'elle-même.

On peut tous se poser la question de l'utilité ou du ridicule de certains de nos comportements, de certaines de nos occupations, comme le chat, et en tirer les conséquences, pour nous-mêmes !

C'est ce regard presque enfantin que je vous propose ici, celui du chat, celui d'un enfant qui sait aller à l'essentiel de ses envies, de ses besoins.

Et si comme le chat ?...

Je le regarde, étendu sur le bureau, à gratter du bout de sa patte le fil qui alimente l'ordinateur, comme pour capter mon attention, je le regarde se demander peut-être à cette seconde : « Pourquoi mon humain ne lève-t-il pas le nez de son écran quelques heures ? »

CHANGER

Changer à cet instant de comportement, pour vivre comme un chat.
Changer pour se dire enfin en souriant :

"C'EST DÉCIDÉ, À PARTIR D'AUJOURD'HUI, JE SUIS UN CHAT !"

Parenthèse

CHAT DES VILLES, CHAT DES CHAMPS

« Mon chat ne réagit pas comme ça ! »

C'est le témoignage que j'ai parfois entendu ces dernières années... Chaque cas est particulier, mais malgré tout, il se peut que de vraies différences d'actions ou de réactions existent entre chats des villes et chats des champs.

« Je ne l'ai jamais vu faire ça ! »

D'accord, mais où vit-il ? Et dans quelles conditions ? En appartement sans possibilité de sortir ? En totale liberté à la campagne ? Dans une maison de ville avec un jardin ? Peut-il se balader librement, ou lui faites-vous faire une promenade en laisse ? Est-il en rapport avec d'autres chats dans son quotidien, ou dans une garderie lorsque vous partez en vacances ?

Autant de paramètres qui ne le rendent pas forcément malheureux, mais qui vont influer sur sa manière d'être et de se comporter en tant que chat. Il en va de même pour les humains, n'est-ce pas ?

Ses réactions correspondent forcément à son cadre et à son mode de vie, comme pour nous.

Un exemple ? Rien de plus simple !

Durant le confinement, avez-vous souligné les énormes différences d'acceptation de chacun quant à cet enfermement, de rythme au quotidien, d'activités ludiques, d'occupations sportives ou intellectuelles ? Et que dire de la « zénitude » et de la différence d'état d'esprit, entre les personnes qui vivent à quatre dans un petit appartement sans balcon, et les mêmes, habitant une maison à la campagne ?

Comme pour les chats, le paramètre « confinement » nous a tous poussés dans nos limites, dans les contraintes extrêmes de notre quotidien, de notre solitude, de nos joies de famille, de notre ennui.

Nous avons tous réagi en fonction de notre entourage, de notre travail, de notre environnement, de notre possibilité ou pas à encore pouvoir faire le moindre mouvement.

Nous sommes tous à ce moment-là devenus quelque part, un peu chat des villes ou chat de champs.

-SAM-

JOUR 1

JOUER ET PRENDRE DU PLAISIR

« Quand le chat joue,
rien d'autre ne compte. »

Le chat

Jouer le jeu

Pourquoi mon humain soupire-t-il sans arrêt ? Il a l'air de s'ennuyer, il tourne en rond en traînant des pattes, ne sait pas quoi faire de ses journées. Je l'observe souvent en train de déambuler dans son appartement, à la recherche de quelque chose pour le distraire et pourtant…

S'il se contentait juste de lever le nez de sa petite boîte noire greffée à sa main où les images ne cessent de s'agiter, s'il parvenait à changer son point de vue sur sa vie, sur le monde qui l'entoure…

Si comme moi, il était capable de rester neutre, vierge, ouvert chaque jour à ce que le monde peut nous offrir comme petits jeux et grandes surprises.

C'est ce que je lui souhaite sans savoir comment lui dire, malgré mes câlins et mes tendres miaulements.

JOUER ET PRENDRE DU PLAISIR
Comme un chat

Prendre du plaisir, s'amuser de tout, de rien, est le propre du chat. Aussi complexe et fin d'esprit puisse-t-il être, le chat ne rechigne jamais à un petit jeu de passage, à un rayon de soleil où se baigner, à un léger coup de patte dans le chargeur du portable qui pendouille sur le rebord de la table.

En ce sens, le chat sait préserver durant toute sa vie une part de son âme de chaton, quand notre âme d'enfant elle, a plié bagage depuis belle lurette dans les confins de nos souvenirs.

Le chat a raison de se demander pourquoi nous restons parfois coincés dans de grands instants d'ennui, de tristesse, désœuvrés, scotchés à notre portable dans l'espoir qu'un message personnel ou une actualité surviennent.

Dur constat dans son regard félin de nous rendre compte que parfois, nous ne tenons plus qu'à cela, à cet appareil vibrant sans lequel nous ne savons plus rien faire, sans pour autant nous amuser ou nous détendre.

A-t-il lui besoin d'être dépendant d'un objet pour jouir de tout, tout le temps ?

Pour le chat, toute nouveauté dans son environnement signifie curiosité, découverte, jeu et plaisir.

Pour prendre un exemple concret, quand j'ai déménagé, mon chat comme moi nous sommes laissés surprendre par notre nouveau quotidien. Vider des cartons, décaper la terrasse ou encore, retrouver de vieux objets : je n'avais plus le temps d'être constamment sur mon téléphone.

Quelle libération !

J'étais comme lui ces dernières semaines, toujours prêt à m'amuser, à jouer et à me faire plaisir par de petites découvertes délaissées de longue date au fond d'une caisse.

Cette parenthèse d'emménagement n'est qu'un exemple de ce que j'avais oublié : les vrais plaisirs du monde réel.

Ce n'est pas si simple de décrocher quand on a oublié comment s'occuper autrement.

Mais au final, comme l'observe le chat, rien ne parvient à combler le besoin de découvertes et d'activités, aussi bien physiques qu'intellectuelles dont nous manquons.

Et si comme le chat…

Nous prenions la décision de chaque jour poser notre portable pour quelques heures, afin de découvrir ou de redécouvrir une passion qui nous anime, un jeu que nous adorons ?

Le chat à cette intelligence superbe de savoir faire feu de tout bois et d'être heureux avec peu.

À vous de jouer !

PARENTHÈSE BIEN-ÊTRE

Aujourd'hui, cochez tout ce que vous avez fait au lieu d'utiliser votre téléphone :

- ☐ Réécouter votre collection de disques
- ☐ Repeindre un guéridon
- ☐ Acheter des plantes
- ☐ Tester une nouvelle recette de cuisine
- ☐ Classer de vieilles photos souvenirs, en faire un album
- ☐ Trier les fringues de la penderie qui déborde
- ☐ Ajoutez votre activité :

  ....

  ....

  ....

  ....

- ☐ J'ai rien fait ;-)

Et changer pour vivre comme un chat

LE PLAISIR EST UNE DENRÉE QUI SE CULTIVE ET SE CONSOMME SANS MODÉRATION.

Aujourd'hui, c'est chat ou c'est pas chat ?

Avez-vous bien respecté ce que préconise le chat aujourd'hui ?

- ☐ Oui
- ☐ Non
- ☐ Chat va venir…

JOUR 2

PRENDRE SOIN DE SOI

« Pour prendre soin des autres,
je dois prendre soin de moi. »

Le chat

La sieste c'est la vie

Pourquoi mon humain ne fait-il pas la sieste tous les jours ? Après, il se plaint de piquer du nez dès que le soleil commence à tomber.

Normal, sans sieste, à partir d'un certain âge, on est crevé ! On n'a pas tous les jours la deuzaine, enfin la vingtaine chez vous !

À l'heure où il s'endort dans les bras de Morphée dans le canapé, pour moi, c'est le début de la vie, de la fête, des rencontres et des rires… Loin, bien loin du ronron du journal télévisé…

PRENDRE SOIN DE SOI
Comme un chat

Nos semaines sont rudes, et les journées parfois n'en finissent plus. Sans compter le miracle du télétravail qui, si pour certains, a été la consécration de la procrastination et de l'art de la sieste, s'est soldé pour d'autres par un surcroît de tâches à boucler après les heures de travail, de productivité, y compris sur des week-ends qui ont fini par peu se différencier du reste de la semaine.

Comment recharger ses batteries, se reposer, quand on est sans arrêt tiraillé par des notifications, des sonneries, des mails ?...

Comment à partir d'un certain âge – eh oui, nous y passons tous –, en dépit de l'efficacité acquise à travers notre expérience professionnelle, pouvons-nous malgré tout continuer à remplir un semainier qui déborde, sans nous retrouver sur les genoux le soir, une fois chez nous ?

Il n'est aucun Superman, aucune Wonder Woman en la matière, malgré ce que nous racontent les films, où des *golden boys* regorgent d'énergie et d'hyperactivité dans leur journée de vingt heures, avec seulement une heure de sommeil, deux ou trois petites amies et une farandole de copains à rejoindre jusqu'à six heures du matin en boîte de nuit.

De gros bosseurs, bosseuses, il y en a, cela ne fait pas de doute, mais parlent-ils souvent du prix que ça leur coûte dans leur vie intime, familiale, amoureuse, personnelle et amicale ?

Parlent-ils souvent de leur incapacité à se rendre disponible ? Ou de leur prétendue présence lorsqu'ils sont invités et qu'ils baillent aux corneilles, éreintés de fatigue, lorsqu'ils ne sont pas accaparés par leur portable en train de checker les rendez-vous du lendemain ?

Nous sommes nombreux et nombreuses, noyés par nos obligations, sans plus penser une seconde à prendre soin de nous, sans plus penser à nous reposer, à nous détendre, à nous faire plaisir.

Nous ne prenons plus le temps de vivre. Mais à ne plus savoir dégager du temps pour prendre soin de nous, comment pouvons-nous envisager de prendre soin des autres ?

Et si comme le chat…

Loin de vouloir ralentir les activités qui nous passionnent, et si nous prenions le temps de les faire au moment adéquat, lorsque nous sommes en pleine forme ? Et pourquoi pas, à titre d'exemple ici, ne pas nous octroyer une petite sieste ? Nous détendre, nous faire du bien ? Juste pour recharger les batteries ?

Le chat fait ce qu'il doit faire au moment opportun, quand il est prêt, et le reste du temps, il prend soin de lui, de sa toilette, de son repos et de ses distractions.

Mais une chose est sûre, en prenant soin de lui, il a tout le temps nécessaire pour prendre soin de nous.

Et si nous faisions de même pour notre bien-être comme pour celui de notre entourage ?

À vous de jouer !

ANAGRAMMES !

Prenez du temps pour vous et retrouvez le bon ordre des lettres pour ces mots à décoder.

LIPARIS : ....

MASURES : ....

MÉCONTENTENT : ....

FAISAIENT : ....

MAURO : ....

MÂCHER : ....

AGITÉE : ....

Voir les réponses en page 251.

Et changer pour vivre comme un chat

IL N'EST PAS D'ART DE VIVRE, SANS CULTIVER L'ART DE PRENDRE SOIN DE SOI.

Aujourd'hui, c'est chat ou c'est pas chat ?

Avez-vous bien respecté ce que préconise le chat aujourd'hui ?

- ☐ Oui
- ☐ Non
- ☐ Chat va venir...

JOUR 3

SAVOIR SE RESPECTER ET SE FAIRE RESPECTER

« Le respect se gagne comme la confiance se mérite. »

Le chat

Même un chat se respecte

Pourquoi mon humain m'a-t-il affublé d'un prénom ridicule ? Est-ce par moquerie ? Par sentiment de pouvoir et de domination sur moi ? Qu'il ne s'étonne pas alors que je ne réponde à ce sobriquet que lorsque ça me chante !

Pensez-vous vraiment que nous n'avons aucun sens du ridicule ? Nous, si fiers ? Ne nous avez-vous jamais vu bouder et vous dédaigner quand vous vous moquez de nous ?

Avoir un peu de respect pour les autres, c'est aussi savoir se regarder dans un miroir où vous pensez peut-être que nous n'y voyons pas notre reflet.

SAVOIR SE RESPECTER ET SE FAIRE RESPECTER
Comme un chat

Voilà un petit missile que nous envoie le chat ! Vous pensez que le choix du prénom d'un animal de compagnie est anecdotique, mais cela peut en dire long sur le maître, la maîtresse et sa manière de se positionner dans le monde.

On connaît tous quelqu'un, peut-être même est-ce vous, qui dit parfois : « Je déteste mon prénom ! » ? Et pourtant il faut vivre avec, le subir pour certains et certaines. Ce n'est qu'un prénom, mais on le garde à vie, comme marqué au fer rouge. Alors, pourquoi ne pas s'en souvenir également pour notre chat ?

Savoir se respecter, c'est, avec cet exemple du prénom, tenir compte ou non des images, des significations qu'il porte. Il faut savoir s'en détacher ou en faire une force.

C'est-à-dire ?

Beaucoup d'entre nous se sont retrouvés affublés à un moment de leur vie d'un surnom, à cause d'un petit travers ou d'une particularité physique. Sont alors nés les « Boulette », « Gros nez », « Bubulle », « Nez de buse » « Marmotte » et j'en passe !

Savoir se respecter comme je le disais, c'est ne pas accepter ces surnoms lorsqu'ils nous agacent ou nous dénigrent, c'est refuser de se retourner quand ils sont prononcés. Si on y réagit, cela ne fait qu'ancrer leur réalité : les autres ont raison de nous appeler ainsi.

Étrangement, si malgré l'insistance de l'entourage vous ne répondez jamais à ce surnom lorsqu'on vous interpelle, il disparaît de lui-même. C'est un flop, juste un mauvais slogan publicitaire qui finit par étouffer ceux qui tentent encore de le prononcer.

En ignorant ces surnoms parfois dégradants, on agit comme on l'observe aujourd'hui chez le chat, avec dédain. **Nous méritons mieux que ça.**

N'avez-vous jamais remarqué que les chats, pour ceux qui en possèdent, savent si vous vous moquez d'eux ? Ce regard qu'ils vous jettent ? Et cette seconde où vous sentez qu'à un moment ou à un autre, vous allez le payer, quand bon lui semblera…

Les chats détestent qu'on se moque d'eux, car simplement, ils se respectent et… savent se faire respecter !

Cet exemple du prénom peut s'étendre à de multiples facettes de notre personnalité, à nos hobbys, à nos goûts… Les seules questions à vous poser, pour savoir si vous vous respectez et qu'on vous respecte comme vous le méritez, sont les suivantes : « Cela représente-t-il la personne que je suis ? Cela correspond-il à mes valeurs ? À la personne que je veux être ? Puis-je me regarder dans une glace sincèrement avec l'image que je porte ? »

Si ce n'est pas le cas… **Ce n'est pas vous qui vivez en ce monde, mais l'image qu'on a projetée sur vous, et que vous subissez !**

Il est temps que cela change et que vous retrouviez la personne que vous êtes au fond de vous, vous ne pensez pas ?

Et si comme le chat…

Nous apprenions à ne pas répondre, à dire non à ce qui ne nous convient pas ? C'est une des bases de vie du chat : refuser dans son monde ce qui ne lui convient pas, et d'autant plus, ce dont on tente de l'accuser, de l'affubler. Ignorer, ne pas répondre, dédaigner, ne pas donner prise et se détacher.

Simple, très simple comme mode de fonctionnement du chat à adopter ! Car quand certains insistent dans leur comportement ou leurs mauvaises manières, il sait aussi se faire respecter d'eux !

PFF... CRÂNEUR.
CAT·VIN·KLEIN·CAT
-SAM-

À vous de jouer !

MOTS-MÊLÉS

Trouvez tous les mots de la liste dans la grille (verticalement, horizontalement, diagonalement).

A	P	A	I	S	E	R	N	O	T
M	O	M	M	O	I	U	R	R	O
I	L	O	A	R	F	D	U	E	L
T	I	U	G	T	I	R	P	S	E
I	T	R	E	I	D	O	A	P	R
E	E	V	A	L	E	U	R	E	A
I	S	I	O	H	C	G	E	C	N
E	S	T	I	M	E	I	E	T	C
L	E	O	N	U	N	I	L	E	E
L	E	I	M	E	T	U	O	C	E

POLITESSE
APAISER
AMITIÉ
ESTIME
TOI
AMOUR
TON
MIEL
DUR
FUN

VALEUR
IMAGE
TOLÉRANCE
RESPECTE
DÉCENT
ESPRIT
ÉCOUTE
UNI
PARÉE
FOI

RÉEL
CHOISI
ROI
DUEL
SORTI
MOI
MUE
ROUGI
NOËL
PUR

Et changer pour vivre comme un chat

LE RESPECT DES AUTRES COMMENCE PAR LE RESPECT DE SOI-MÊME.

Aujourd'hui, c'est chat ou c'est pas chat?

Avez-vous bien respecté ce que préconise le chat aujourd'hui ?

- ☐ Oui
- ☐ Non
- ☐ Chat va venir…

QUESTIONS MÉTAPHYSIQUES DU CHAT restées sans réponse

OBSERVATIONS TECHNIQUES DE L'HUMAIN

Pourquoi mon humain ne fait-il pas ses besoins dans une caisse ? Ou dehors si le temps le permet ? C'est incompréhensible.

Pourquoi mon humain se tient-il debout quand il est si aisé de se déplacer et de se mouvoir sur ses quatre pattes ?

Pourquoi mon humain mange-t-il sur MA table de jeu avec des objets brillants qu'il tient dans ses mains ? Et pourquoi en plus s'empiffre-t-il ? On dirait un toutou devant sa gamelle ! Un peu de tenue !

JOUR 4

PARTAGER ET DONNER

« Ce qui est bon pour toi l'est aussi pour moi. Ce qui est bon pour moi l'est aussi pour toi. »

Le chat

Calinothérapie

Pourquoi mon humain veut absolument que je dorme avec lui pour me faire des câlins, quand la veille, il m'a claqué la porte au nez pour « être tranquille » ?

Partager n'est pas un caprice de chaque instant. Moi aussi j'ai eu envie de me faire cajoler dans ses bras quand il n'en avait pas envie, ou qu'il n'avait « pas le temps ».

Mais au final, qu'y avait-il à gagner dans ce partage : de l'égoïsme et de l'indifférence ?

Nous ne sommes pas des peluches, mais des êtres sensibles, comme vous. Des êtres qui ne demandent qu'à partager leur amour, même quand le moment n'est pas toujours idéal pour vous. Mais existe-t-il vraiment un bon moment ?

PARTAGER ET DONNER
Comme un chat

Il y a ceux qui prennent, ceux qui donnent. Inexorable catégorisation des êtres, souvent humains d'ailleurs, car les animaux eux, en dehors même des chats, **vivent pour la plupart dans un juste équilibre avec leurs congénères comme avec la nature.**

Ils chassent, mais ne prennent que ce qu'ils ont besoin, ils enfantent, mais ne se trouvent jamais en surpopulation qui étoufferait l'équilibre de la planète. Ils prennent *et* ils donnent.

Dans cette observation du chat pour les câlins, qui ne sont offerts ou partagés qu'en fonction des besoins et de l'humeur de l'humain, à l'évidence, nous sommes souvent – malgré ce qu'en pense la légende populaire –, beaucoup plus égoïstes que lui.

Nous demandons de l'attention, nous demandons de l'amour, nous demandons de l'affection, de la tendresse, de l'écoute, de la compréhension… Mais sommes-nous si facilement enclins à en offrir quand « ce n'est pas le moment », ou que ça ne tourne pas rond dans notre vie, ou encore quand on a autre chose à faire, des impératifs, des rendez-vous tellement importants ? Il nous est alors trop souvent « impossible » d'offrir un peu d'attention, de tendresse, à l'autre, son ami, son conjoint, son chat, à ceux qui sont toujours présents quand nous en avons besoin.

Si l'égoïsme fait partie des petits travers de la nature humaine, avec lequel nous naissons, et que nous cultivons depuis l'enfance, **l'égocentrisme lui, doit être limité dans notre existence, presque banni.** Car la solitude est le seul point d'arrivée sur ce chemin.

Partager du temps, de l'amour, des câlins, rester serrés les uns contre les autres quand les jours d'hiver se succèdent et que le froid se glisse sous la porte.

Donner ce que l'on est, ce que l'on a, ce que l'on sait à ceux qui partagent nos vies, animaux comme humains, voisins, famille comme amis, rien d'autre n'ouvre aussi bien la voie à une vie de bonheur partagé.

Et si comme le chat…

Nous ramenions un peu de don et de partage impromptu dans notre quotidien ? Pourquoi ne pas faire comme lui, un petit geste, une attention inattendue, une attitude toute chatounesque que nous pouvons réintégrer par petites touches dans nos vies ? Le chat n'a besoin d'aucune fête, d'aucun événement, d'aucune croix dans le calendrier pour faire un petit cadeau dès qu'il le peut. Il donne, il partage, sans enjeu ni calcul, juste parce qu'il nous aime !

À vous de jouer !

CULTIVEZ LES PETITES ATTENTIONS !

Vous souvenez-vous de la dernière carte postale que vous avez reçue ? De ce petit plaisir en ouvrant la boîte aux lettres, qui change des factures ?

Pourquoi ne pas recommencer ?

Allez acheter quelques cartes postales, décorez-les, écrivez ce que vous voulez et envoyez-les aux personnes que vous aimez ! Le challenge de la pire carte postale peut aussi être lancé !

Ou sinon revenez avec quelques fleurs à la maison, sans raison, ou apportez un plaid et un thé à votre partenaire, juste pour faire naître un sourire.

Coloriez la jauge avec le nombre de petites attentions que vous avez eues pour votre entourage dans la journée.

0	1	2	3	4	5	6	7	8	9	10

Et changer pour vivre comme un chat

SAVOIR CULTIVER LES PREUVES D'AMOUR, C'EST FAIRE AUTANT DE BIEN À L'AUTRE QU'À SOI.

Aujourd'hui, c'est chat ou c'est pas chat?

Avez-vous bien respecté ce que préconise le chat aujourd'hui ?

- ☐ Oui
- ☐ Non
- ☐ Chat va venir…

JOUR 5

DÉCIDER

« Ce que je ne décide pas pour moi, les autres en décideront sans moi. »

Le chat

Les habitudes toxiques

Pourquoi mon humain dégage-t-il autant de mauvaises ondes d'énervement et de mauvaise humeur, quand il reçoit chez nous certaines personnes ?

C'est pourtant lui qui les a invités ?

Et pourquoi la semaine suivante, ce cycle se reproduit-il avec les mêmes personnes ? Avec chez lui, le même état d'énervement ?

Ne serait-il pas plus simple qu'il cesse définitivement de les inviter à déjeuner ?

(En plus ce sont des rats qui débarquent, jamais une miette pour moi !)

DÉCIDER
Comme un chat

Les habitudes comme les personnes toxiques, il arrive que nous vivions avec sans nous en rendre compte. Nous les subissons, sans même plus penser à nous en défaire.

Ils grignotent notre temps, vampirisent notre réfrigérateur, court-circuitent nos nerfs, se répandent sur leurs ongles cassés, en se moquant éperdument que nous ayons les deux bras dans le plâtre.

Ils arrivent les mains dans les poches, mais n'oublient jamais de se contenter de mettre les pieds sous la table, tout en critiquant la saveur des plats.

Ils sont à l'aise, ils sont chez vous, ils sont chez moi, ils ne sont pas si nombreux, mais possèdent une réelle capacité de nuisance.

Malheureusement, les habitudes sont tenaces et ces parasites font partie de notre vie. Ils sont notre croix, sans que l'on ne puisse plus rien dire, ils sont devenus sans le vouloir notre choix. Pourquoi ?

Nous avons laissé faire à un moment, nous n'avons rien dit.

Et après s'être mis à marcher sur nos plates-bandes, ils se sont mis à nous marcher sur les pieds, mais là encore nous n'avons rien dit.

Pourquoi alors se seraient-ils privés de commencer à nous marcher sur la tête ? Jusqu'à nous dicter nos vies ?

Mais qui, en ce nouveau repas dominical, va décider de la couleur dont il faudrait repeindre la salle de bains ou encore nous convaincre de racheter leur vieille voiture poubelle ?

Ne pas mettre de barrières, c'est laisser la gangrène se répandre dans le moindre recoin de nos vies.

C'est la laisser s'immiscer jusque dans le moindre détail, la moindre décision de notre quotidien. Pour eux, nous faisons tout de travers au point qu'ils se doivent d'intervenir. De la marque de lave-vaisselle au choix du fournisseur Internet, en passant par l'éducation des enfants, ils s'accrochent au moindre détail et ainsi nous déstabilisent et détériorent notre assurance.

FOUTEZ-MOI TOUT ÇA DEHORS !

C'est clair ou je passe en double majuscule ?

Eh oui, le chat peut bien rire à ce moment-là, en observant ce manège, ce jeu de dupes, à nous voir ainsi excédé et pourtant soumis aux remontrances et aux sarcasmes.

Avez-vous déjà croisé un chat subir une telle dictature dans sa vie ? Y tolérer d'autres humains comme d'autres chats qui décideraient pour lui ?

Qui oserait être aussi intrusif envers lui ? Personne.

Car il n'a jamais laissé à personne, y compris à son maître, choisir à sa place qui il doit fréquenter.

Personne ne décide pour lui.

Et ce n'est que justice, car personne n'est à sa place. Seul celui qui sait décide.

Et si comme le chat…

Nous limitions notre bêtise en arrêtant de supporter jour après jour, semaine après semaine, un certain nombre de personnes qui ne font que nous tirer vers le bas ? Qui passent leur temps à nous juger, à décider à notre place, sans s'être préoccupé une seconde de nos désirs, de nos aspirations, ou du pourquoi nous faisions ceci ou cela ?

Qui a les clefs pour décider ? Celui qui sait.

Qui sait ? Vous, moi.

Qui seul alors peut décider ? Le chat !

T'ES UN VRAI FRÈRE POUR MOI.
UN SIAMOIS ?
-SAM-

À vous de jouer !

FAITES LE MÉNAGE !

Listez ici les personnes importantes dans votre entourage (amis, proches et connaissances) :

....

....

....

....

....

Identifiez les connaissances qui ne vous font pas que du bien.

Comptez le nombre de fois où vous avez vu ces personnes selon leur cercle d'appartenance.

N'invitez que les personnes qui vous apportent du bonheur.

Vous n'en serez que plus heureux !

Et changer pour vivre comme un chat

LES CONSEILLEURS DEVIENNENT DES DÉCIDEURS QUAND ILS N'ONT QUE LEURS PROPRES PEURS À PARTAGER. DÉCIDEZ.

Aujourd'hui, c'est chat ou c'est pas chat?

Avez-vous bien respecté ce que préconise le chat aujourd'hui ?

- ☐ Oui
- ☐ Non
- ☐ Chat va venir...

JOUR 6

OBSERVER LE MONDE

« La vie c'est un peu de moi, beaucoup des autres. »

Le chat

Une vie par procuration

Pourquoi mon humain reste-t-il des heures allongé sur des coussins, planté devant un grand rectangle d'images qui bougent, avec la bave aux lèvres qui pend ? Je ne vois pas l'intérêt, il n'y a même pas la 3D !

N'y a-t-il pas mieux à faire dans la journée, dans la soirée, que de rester planté comme des rangées d'endives dans le canapé ?

Je vais lui grimper sur la tête, peut-être que ça le fera bouger !

OBSERVER LE MONDE
Comme un chat

Je le vois du coin de l'œil parfois le dimanche après-midi, quand je suis avachi sur les coussins, à lancer une série sur Netflix. Je vois dans son œil un peu de dédain, à me voir ainsi telle une moule accrochée à un rocher.

Alors, il vient me voir, se met à trépigner sur mon torse, et monte de plus en plus haut sur ma poitrine, à cheval sur mon épaule, jusqu'à ce que, la bouche dans son pelage, je ne vois plus du tout l'écran.

Une chose est sûre, ces types de câlins n'en sont pas vraiment, il ne ronronne pas forcément, et il est plutôt enclin, quand il veut juste dormir sur moi, à se caler sur mon ventre, ou entre mes jambes.

« Secoue-toi les puces ! », a-t-il l'air de me dire.

Le soleil brille dehors, la promenade du quai est caressée par une légère brise, les pointus du port ondulent et les câbles des mâts tintent tranquillement.

Qu'est-il que je ne connaisse pas déjà dans le fil d'actualités de mes réseaux sociaux ? Qu'ai-je à découvrir devant cet énième polar cousu de fil blanc, dont on a tout juste changé les acteurs et l'ordre du dénouement ?

La vie contemplative du chat semble le nourrir abondamment chaque jour.

La différence fondamentale entre un écran et tout autre type de contemplation ou d'activités, c'est le choix.

Quand on est devant un écran, on est passif, on reçoit – même si on zappe vaguement –, on attend que l'information et la distraction viennent à nous.

Alors que lorsqu'on lit, qu'on se promène, qu'on va visiter un lieu, une exposition, qu'on se contente d'observer l'agitation du monde en se laissant aller à nos rêveries, nous sommes actifs. Nous allons non seulement chercher nos activités, nos plaisirs, mais surtout nous allons les choisir, suivant nos goûts et nos envies, en cet instant.

Nous devenons donc acteur de nos découvertes, de nos choix de détente, et souvent cela nous mène à entrer en contact avec les autres.

Observer le monde, même dans la simple contemplation du chat, c'est déjà y participer, y prendre part, y mettre un pied, s'y intégrer, et finir par échanger.

N'oublions pas d'échanger, car c'est le propre de l'Homme auquel nous tournons le dos durant des soirées, des journées, des week-ends entiers, oublieux de nos désirs, devant un écran qui nous bombarde de petits plaisirs furtifs faciles.

Et si comme le chat…

Nous troquions autant que possible, la saison 8 d'une série qui n'en finit pas de s'allonger, pour une petite promenade ? Elle est bien belle cette histoire d'amour sur écran HD 4K… Mais de quelle manière cette belle histoire a-t-elle la moindre chance de survenir lorsque l'on reste claquemuré chez soi ?

Comme le chat, il faudrait apprendre à observer le monde lors de nos balades en ville, sur les quais, en forêts. Il y a tout à découvrir et tout peut arriver !

-SAM-

À vous de jouer !

OBSERVEZ LE MONDE…

Créez un petit cabinet, cahier ou vase de curiosités.

Chaque semaine, sortez, empruntez un itinéraire différent pour votre balade. Et, au fil de votre promenade, cherchez un objet, qui vous plaira et constituez votre cabinet de curiosités rien qu'à vous.

Et changer pour vivre comme un chat

DEVENEZ ACTEUR ET NON SPECTATEUR DE VOTRE VIE.

Aujourd'hui, c'est chat ou c'est pas chat?

Avez-vous bien respecté ce que préconise le chat aujourd'hui ?

- ☐ Oui
- ☐ Non
- ☐ Chat va venir...

Jour 7

ÊTRE À L'ÉCOUTE DE SES BESOINS

Dormir

« Je suis seul maître d'une horloge qui n'existe pas. »

Le chat

On ne réveille pas un chat qui dort

Pourquoi mon humain se lève-t-il quand une sonnerie retentit sur la table de chevet, alors que dehors, il fait encore nuit ?

Se lever aux aurores oui, mais en dehors de son cycle naturel de sommeil, cela n'a aucun sens ! Et c'est, de plus, fortement déconseillé pour un bon sommeil et une bonne santé.

Quand mon humain pensera-t-il à dormir, à prendre toutes les heures de sommeil qui lui sont nécessaires ?

Pour un réveil naturel, seuls le soleil et notre vitalité sont nos guides.

N'hésitez pas à dépasser la dose prescrite de sommeil, demandez à votre médecin !

ÊTRE À L'ÉCOUTE DE SES BESOINS Comme un chat

Qui ne s'est jamais dit un jour : « Si j'attrape celui qui a inventé le réveil... »

Si autrefois on se levait avec le chant du coq et on se couchait avec les poules, au rythme du soleil, voilà bien longtemps que nos sociétés humaines se sont éloignées de ce cycle naturel.

L'adéquation entre l'Homme et la nature a été abandonnée au profit des besoins de notre civilisation, de sa productivité et de sa rentabilité.

C'est fort dommage, et même très préjudiciable pour notre santé, d'avoir ainsi imposé le réveil pour tous, en fonction des besoins de son métier, et non en fonction des humains qui font tourner cette immense machine.

L'individu, sa santé et ses besoins, est passé au second plan, telle la pièce remplaçable d'une machine savamment huilée.

Remplaçables, tous remplaçables, c'est le constat amer que l'on fait au bout de quelques années de labeur, sans plus comprendre alors pourquoi on reste soumis à cette machine, qui broie nos heures de sommeil.

Et pourtant, malgré ce constat, la plupart d'entre nous continuent à sagement mettre leur réveil le soir, pour se lever au garde à vous dès la première sonnerie, alors que le ciel est opaque, et que même le brouillard finit encore sa nuit.

Au garde à vous de qui, de quoi, poursuivons-nous ce processus, cet automatisme, sans même penser qu'une vie sans réveil est peut-être encore possible ?

Cette habitude contre nature est si profondément ancrée en nous que nous ne parvenons pas à nous en défaire, ni même à concevoir une vie où notre réveil se ferait naturellement.

Le chat a raison de s'étonner de cette sonnerie chaque matin, alors que seuls des rayons de lune traversent le volet.

Il trouve cela absurde, et préfère ne pas bouger de l'oreiller.

« Il faut bien se lever, aller travailler... », tenteront encore de se convaincre chaque matin ceux qui ne veulent pas envisager qu'une autre vie plus confortable puisse exister.

Pour autant, regardez votre chat qui dort à poings fermés au pied du lit au moment où vous vous levez, regardez-le prendre soin de lui, être à l'écoute de son besoin de repos.

Toutes les situations et les métiers sont différents, mais peut-être que chacun, dans son cas, pourrait trouver une solution pour, si ce n'est supprimer, du moins alléger ce diktat du réveil.

Et si comme le chat…

Nous décidions d'enterrer notre réveil… Plus qu'un jeu, c'est un véritable cérémonial, une fête, que peut engendrer cette décision.

Impossible ? Qu'est-il d'impossible pour le chat quand il ne s'agit que de prendre soin de lui ?

Il ne faut pas confondre les obligations que l'on a et les astreintes que l'on s'impose à soi-même.

Évidemment, nous ne pouvons pas tout changer du jour au lendemain mais nous pouvons nous écouter. Prendre conscience de ses cycles de sommeil, c'est en améliorer la qualité.

Quand notre travail a une incidence sur notre sommeil parce qu'il ne nous convient plus, il est peut-être temps de se poser la question du changement de vie. La recherche d'autres perspectives est déjà une façon de prendre soin de soi.

Il n'est rien à prouver de plus en ce domaine, même d'un point de vue médical, juste à observer que le chat, lui, le fait ! Et nous alors ?

WAKE ME UP BEFORE YOU GO-GO!
CLIC!
-SAM-

À vous de jouer!

En attendant, comment s'endormir ?

Si pour l'instant il vous est encore compliqué de changer de vie pour enterrer votre réveil, et si comme le chat, vous avez du mal à vous endormir en quelques secondes, voici la technique dites du « 4-7-8 », créée par le Dr. Andrew Weil, de l'université américaine d'Harvard.

1 – Installez-vous confortablement, et détendez-vous.

2 – Placez le bout de votre langue derrière les incisives du haut, contre votre palais. Conservez cette position de votre langue durant tout l'exercice.

3 – Expirez par la bouche semi-ouverte tout l'air présent dans vos poumons.

4 – Fermez la bouche et inspirez profondément par le nez en comptant dans votre tête jusqu'à 4.

5 – Retenez votre souffle pendant 7 secondes.

6 – Expirez profondément par la bouche en comptant jusqu'à 8.

7 – Répétez trois fois cet exercice tranquillement, en 4-7-8 et dormez à présent...

Et changer pour vivre comme un chat

ENTERREZ VOTRE RÉVEIL ET TRAVAILLEZ À NE PLUS VOUS LEVER QU'EN FONCTION DE VOTRE BON VOULOIR.

Aujourd'hui, c'est chat ou c'est pas chat?

Avez-vous bien respecté ce que préconise le chat aujourd'hui ?

- ☐ Oui
- ☐ Non
- ☐ Chat va venir…

JOUR 8

PRÉSERVER SON CONFORT ET SURVEILLER SON TERRITOIRE

« La liberté commence par un territoire dont on peut s'échapper. Il n'est nulle liberté sans frontière. »

Le chat

Le syndrome de la porte

Pourquoi mon humain ferme-t-il les portes après les avoir ouvertes ? Ne sait-il pas que pour surveiller nos territoires, je me dois de circuler sans arrêt et sans entrave afin de vérifier que tout va bien ?

À quoi servent les portes dans le monde des humains ? Déjà celles donnant sur l'extérieur, j'ai du mal à comprendre, à part peut-être pour préserver la chaleur et couper ce vent désagréable, mais pour ce qui est des portes à l'intérieur, vraiment je ne vois pas ! On dirait qu'ils vivent comme des taupes ! C'est effrayant !

PRÉSERVER SON CONFORT ET SURVEILLER SON TERRITOIRE
Comme un chat

Croire que les frontières n'existent pas chez les animaux, et d'autant plus chez les chats, alors qu'eux parviennent à vivre en paix – contrairement aux humains – est une aberration intellectuelle bien humaine.

Croire que nous sommes une race supérieure à toutes les autres espèces, et que cela peut nous permettre de nous affranchir de la notion de territoire, relève tout autant du fantasme.

Cela fait bien longtemps que l'être humain n'a pas évolué dans sa manière de concevoir la vie et c'est fort dommage.

La majorité de nos inventions ont eu pour objectifs de soulager nos difficultés dans le monde du travail, de jouir de nouveaux plaisirs et d'allonger notre espérance de vie.

Ces inventions essentielles n'ont pour autant pas modifié nos comportements primaires qui sont restés les mêmes depuis longtemps.

Ainsi, nous ressemblons, par cet aspect tout du moins, au chat qui n'a pas non plus beaucoup changé.

Notre orgueil nous fait croire le contraire. Et pourtant, comme nous pouvons tous le constater dans les journaux télévisés, ôtez une petite brique à cet édifice humain bien fragile, mettez un petit grain de sable dans les rouages du système, et, en quelques jours, l'être humain si civilisé, si plein de sa sagesse, des anciens et des livres, tout s'effondre et il revient à ses instincts primaires : manger, se protéger, survivre, et tout faire, même l'impensable pour ne pas mourir.

Nous sommes, comme les chats, des animaux territoriaux. Croire l'inverse, c'est juste tenter de s'en convaincre par pur luxe intellectuel. Mais cela, même chez les humains les plus ouverts d'esprit, ne reste inexorablement qu'à l'état de concept, dès l'instant où l'on vient taper dans leur gamelle.

Quand le chat dit : « Vivons tous ensemble, en harmonie, mais chacun chez soi. », l'Homme pense : « Vivons tous ensemble, peut-être, mais surtout loin de chez moi. »

Pour autant, si le chat ne cesse chaque jour de faire le tour de son territoire, de sa zone de confort et de vie, nous, humains, nous en soucions-nous autant ?

Savons-nous préserver un minimum de sécurité, dans ce cadre de confort que nous ne cessons de développer ?

Et quand je parle de sécurité, ce n'est pas lié qu'à un potentiel danger, quand un surendettement pour des achats futiles peut nous amener à une situation critique.

Et si comme le chat…

Nous redéfinissions notre territoire de vie et d'évolution tout en respectant celui des autres ?

Je ne parle pas ici de bâtir de hauts murs autour de nous, mais de redessiner un peu physiquement et surtout intellectuellement ce qui est notre univers, chez nous, et les règles de fonctionnement que nous y imposons, en fonction de nos valeurs.

Le chat côtoie-t-il n'importe qui, n'importe où ? Accepterait-il que des chats errants viennent s'installer sur son canapé et manger dans son bol sans rien dire ? D'ailleurs accepterions-nous qu'une équipe d'intrus prennent possession de notre lieu de vie ?

Nous sommes territoriaux, nous sommes animaux.

C'est en cela que nous nous devons de rester vigilants et d'agir comme un chat : tolérer l'autre, mais ne jamais accepter l'inacceptable sous couvert d'une bonne conscience purement théorique, qui n'existe pas plus chez l'Homme que dans le règne animal.

-SAM-

À vous de jouer !

MON UNIVERS, MON TERRITOIRE

Faites ici la liste des choses importantes dans votre vie.

Ce qui est incontournable pour ma vie matérielle : (logement, nourriture, argent…)

Ce qui m'est nécessaire au quotidien : (relation, interaction, création…)

Ce qui me rend heureux : (couple, passion, travail, jeu, sport…)

Ce qui participe à mon équilibre : (amis, enfants, famille, environnement…)

Les valeurs et principes auxquels je ne veux pas déroger : (fidélité, compassion…)

Une fois ces éléments listés, faites-en votre leitmotiv !

Et changer pour vivre comme un chat

IL EST DES LIMITES.
CELLES QUE L'ON IMPOSE
EN FONCTION DE NOS VALEURS,
ET CELLES QUI PRÉSERVENT NOTRE BONHEUR.

Aujourd'hui, c'est chat ou c'est pas chat?

Avez-vous bien respecté ce que préconise le chat aujourd'hui ?

- ☐ Oui
- ☐ Non
- ☐ Chat va venir...

JOUR 9

VIVRE PARMI LES HOMMES

« Dans une histoire,
il ne faut pas confondre le bateau de l'amour
avec la bouée de sauvetage. »

Le chat

Repli sur chat, repli sur soi

Pourquoi mon humain ne cesse de recueillir d'autres chats ? Je dois laisser place à de plus en plus de congénères sur mon territoire – et pas toujours des lumières –, quand mon humain reçoit de moins en moins ses propres amis à la maison.

Où sont passés les autres humains dans notre vie ?

Les chats sont-ils devenus plus nombreux que les humains dans le monde, à tel point qu'ils se mettent à envahir l'appartement ? Ou mon humain préfère-t-il définitivement notre compagnie féline à celle des autres humains ?

Mais à ce point, où est le juste équilibre ? Quand nous-même aimons partager notre vie entre humains, liberté et autres chats ?

SE PRENDRE EN MAIN
Comme un chat

Aimer les animaux, même à la folie, peut s'entendre, mais de là à préférer à un moment la compagnie des animaux à celle des humains, jusqu'à se couper du reste du monde… Il y a peut-être quelques questions à se poser.

Où est l'équilibre dans cette vie, comme se le demande le chat à juste titre ?

Et puis, ce repli sur ces boules de poils n'est-il pas simplement une fuite, la peur d'affronter encore les autres, l'avenir ?

Nous avons tous eu notre lot de peines, d'abandons, nos trahisons. **Mais tout n'est pas définitif ni voué à l'échec, surtout avec les relations humaines !**

Les chats, comme les autres animaux de compagnie que nous affectionnons tant, seront toujours là pour palier en partie notre solitude, nos longues soirées. Ils ne sont jamais avares d'attentions ni de câlins quand ils sentent notre tristesse … Mais ce ne sont que des pansements, des soins temporaires. Ils sont magiques, mais ne sont pas magiciens.

« Où sont passés les autres humains dans la maison ? », se demande le chat, quand, il y a quelques années encore, la salle à manger résonnait de rires et de chansons lors de longs repas.

« Où sont passés les autres humains dans notre vie ? », se demande le chat, qui, lui aussi, avait tissé d'autres liens qu'avec son maître ou sa maîtresse auprès des amis de passage.

Certaines personnes se créent des contraintes à cause de leurs animaux qui finissent par les empêcher de vivre. Devoir rentrer chaque soir à heure fixe, en se coupant de toute vie sociale, de peur que l'animal ne s'inquiète, ou s'interdire de partir en vacances, en week-ends, par crainte de l'abandonner, cela finit par ne plus avoir aucun sens, ni pour le maître, ni pour le chat.

Se fermer au monde pour ne plus vivre que dans le cocon de son appartement en compagnie de son chat... Quelle tristesse, même pour lui.

Si nous observons aujourd'hui nombre de cas de désocialisation à cause des jeux en ligne, et des vies numériques plongées dans les réseaux sociaux, la désocialisation liée à son animal de compagnie n'est pas plus enviable, ni pour la personne, ni même pour son animal.

Et si comme le chat...

Lorsque cette petite dérive survient, nous nous reprenions en main ? La vie du chat au côté de l'humain est pour lui une question de choix. Il choisit sa maison, il choisit d'y revenir, il choisit de partager des choses avec tel ou tel humain sans en être dépendant, il a plusieurs sources de bonheur pour ne jamais se laisser happer dans une situation qui ne lui convient plus.

Les chats préservent leur indépendance, ce qui leur permet de conserver leur intégrité. Cela donne de quoi réfléchir en tant qu'humain vis-à-vis de nos animaux et certaines personnes avec lesquelles notre personnalité peut parfois s'évanouir.

À vous de jouer !

Savoir rester ouvert aux autres et au monde qui nous entoure !

– Interagissez à travers votre hobby :

☐ Inscrivez-vous à un club et rencontrez des personnes partageant votre passion.

☐ Inscrivez-vous sur des forums de passionnés pour échanger.

– Interagissez pendant vos loisirs et vacances :

☐ Inscrivez-vous à des clubs de sorties hebdomadaires (randonnée, cinéma, restaurant, excursion etc.) pour faire de nouvelles rencontres.

☐ Inscrivez-vous à des vacances de découvertes et à des excursions sportives, même seul, afin de passer un bon moment.

– Interagissez dans votre vie de tous les jours :

☐ Dites oui, pendant une semaine, à toute invitation, même si vous n'en avez pas forcément envie sur le moment.

☐ Invitez un ami ou une amie chez vous et demandez une invitation en retour.

☐ Passez un peu de temps avec vos collègues après le travail pour tisser des liens en dehors du domaine professionnel.

Et changer pour vivre comme un chat

SI L'AMOUR SE PARTAGE, NOTRE INDÉPENDANCE NE DOIT JAMAIS S'Y NOYER.

Aujourd'hui, c'est chat ou c'est pas chat?

Avez-vous bien respecté ce que préconise le chat aujourd'hui ?

- ☐ Oui
- ☐ Non
- ☐ Chat va venir…

???

QUESTIONS MÉTAPHYSIQUES DU CHAT restées sans réponse

OBSERVATIONS DE NUIT

Pourquoi mon humain ne marche pas droit quand il rentre au milieu de la nuit ? Il zigue, il zague, je dois esquiver sa chaussure pour qu'il ne me marche pas sur la queue.

Pourquoi mon humain ronfle ? Ce n'est même pas du ronronnement, c'est du domaine de la moissonneuse-batteuse ! Impossible de fermer l'œil à côté de lui. D'ailleurs sa compagne finit souvent par dormir avec moi sur le canapé.

Pourquoi mon humain dort-il toujours dans la même pièce, quand il est tellement d'endroits confortables pour varier les plaisirs !

JOUR 10

N'ÉCOUTER QUE SON BON VOULOIR

« Pourquoi s'empêcher de faire ce dont on a envie ? Qui décide ? »

Le chat

And ~~justice~~ croquettes for all

Pourquoi mon humain m'interdit-il de monter sur la table basse quand il y met ses pieds, sa gamelle, son bordel, ses chaussettes et même son cendrier qui pue ?

Y a rien qui déconne là ?

Quand j'ai envie, j'ai envie ! Alors on va voir qui de nous deux va être le plus pugnace pour squatter la table !

Si les humains sont par moments jusqu'au-boutistes et capricieux, n'oubliez pas que nous les chats sommes têtus du bout des moustaches jusqu'à la pointe de la queue !

N'ÉCOUTER QUE SON BON VOULOIR
Comme un chat

C'est une des évidences qui saute aux yeux quand on vit avec un ou des chats. On ne peut rien ordonner, rien imposer, rien diriger. Au mieux on négocie, pour les maîtres et maîtresses les plus convaincants.

Le chat fait ce qu'il veut, quand il veut, et vous aurez beau le faire descendre vingt fois de la table, il y remontera, comme pour tester votre patience, sans relâche... **Jusqu'au moment où vous finissez par laisser tomber.**

À cet instant-là, vous le voyez cligner des yeux, mettre les pattes en rond et s'installer. Même si ce n'est que pour un instant, il vous regarde, satisfait, il marque le coup. Pour lui, la partie est gagnée. Il s'en ira alors nonchalamment dans les minutes qui suivent sous un quelconque prétexte, un jeu, une petite faim, un petit pipi.

Il n'avait que faire de monter sur cette table basse, mais... le fait de lui interdire est devenu tout à coup très intéressant pour lui. D'autant plus qu'il nous voit l'utiliser pour tout et n'importe quoi, manger, nous détendre les orteils, alors pourquoi lui, n'aurait-il pas le droit d'y faire sa toilette ?

Un peu d'honnêteté, d'égalité entre les êtres dans sa tête, un peu de partage.

Le chat n'écoute que son bon vouloir. Il doit pouvoir faire comme bon lui semble avec ce qui appartient à son domaine, s'y étendre, y faire ses griffes, faire tomber les objets gênants qui trônent sur la tablette et qui encombrent son passage.

Cela est juste pour lui. Vous êtes autant chez lui qu'il est chez vous. Le chat n'est pas un locataire, mais un propriétaire.

Une mécanique de fonctionnement simple, presque simpliste qu'il applique à chacune de ses actions, à chacun de ses gestes. Mais dans ce jeu avec la table basse dont on tente de le faire descendre, qui gagne au final ?

Le plus patient, le plus têtu, le plus fidèle à sa nature, celui qui ne cédera pas un pouce de terrain vis-à-vis de ses envies : le chat.

Prendre exemple sur lui ? Et pourquoi pas ! Nous abandonnons si souvent les revendications qui nous semblent justes parce que : « Pff ! Laisse tomber, ça n'en vaut pas la peine… ».

Des plus hauts engagements d'orientation politique, aux plus belles aspirations de société, jusqu'au fait que personne ne nous double dans la queue de la caisse au supermarché, quand faisons-nous preuve d'autant d'entêtement, de calme combat que le chat ?

À insister, souvent on y gagne.

Que l'on parle de sport, de conquêtes territoriales, de recherches scientifiques, seuls celles et ceux qui ont poussé leurs efforts et leur travail bien au-delà de tout ce qui était entendu, sont parvenus à des résultats hors du commun, sans forcément qu'ils aient été les plus brillants dans leur domaine au départ.

Et si comme le chat...

Dans chacun de nos actes, dans chacune de nos passions, de nos activités, nous nous contentions comme lui de n'écouter que notre bon vouloir tant qu'il ne heurte personne ?

Les autres ? Leurs commentaires ? Leurs bons conseils ? Pourquoi ne pas faire comme le chat, par moments, n'écouter cela que d'une oreille en hochant de la tête, tout en poursuivant ce que nous avons envie de faire ?

Nous parlions de « changer » au tout début de cet ouvrage, d'accepter de changer.

Et si « changer » ne signifiait en grande partie, que de savoir rester à l'écoute de ses désirs, de son bon vouloir, dès que cela est possible ?

Et si changer, était simplement réaliser, que l'on a le droit d'insister pour ainsi modifier le cours de la réalité ?

Si rien n'est écrit, pour nous comme pour le chat, chacun de nos abandons comme de nos victoires, dans les plus petits comme les plus grands combats, ne sont qu'une nouvelle réalité que l'on peut écrire pour soi, pour sa vie, chacun, du bout de sa patte.

À vous de jouer !

Avez-vous envie de faire un truc qui va vous détendre ?

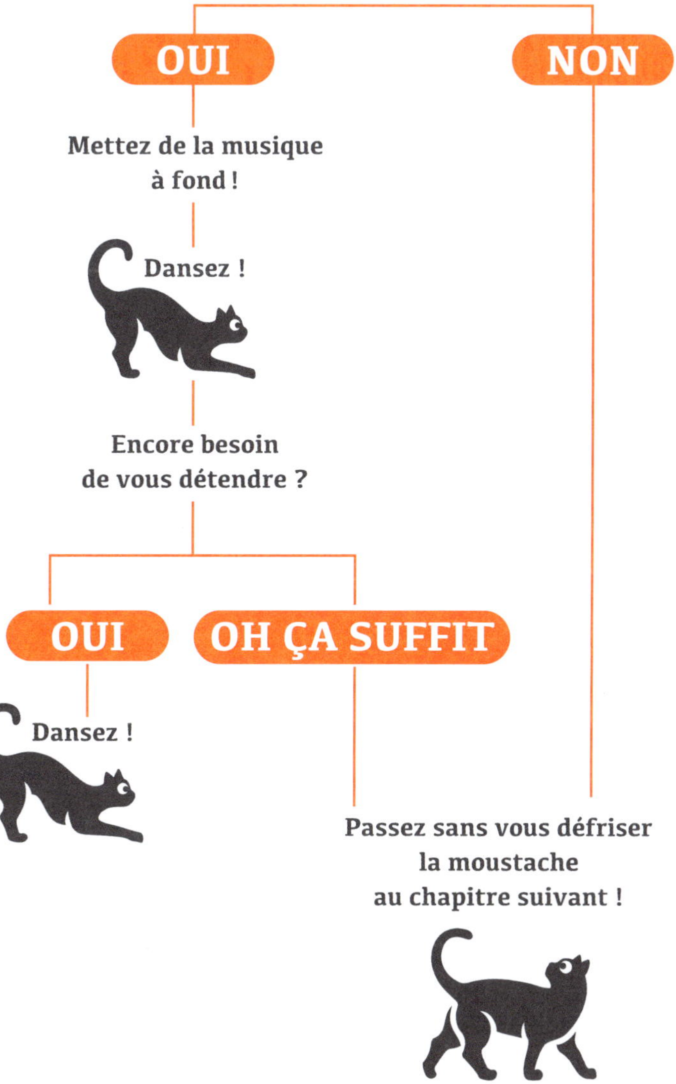

Et changer pour vivre comme un chat

FAIRE CE QU'IL ME PLAÎT,
C'EST SCULPTER UN PRÉSENT À MON IMAGE,
ET DESSINER UN NOUVEL AVENIR. POUR MOI.

Aujourd'hui, c'est chat ou c'est pas chat?

Avez-vous bien respecté ce que préconise le chat aujourd'hui ?

- ☐ Oui
- ☐ Non
- ☐ Chat va venir…

JOUR 11

FAIRE, RÉSISTER ET RECOMMENCER

« *Rien de ce que l'on fait n'est définitif. Il faut faire, résister et recommencer.* »

Le chat

Charivari

Pourquoi mon humain commence tout et ne finit rien ? Ah ben quand même !

Ici un début d'atelier poterie, là une envie de plantation sur le balcon restée au stade de jachère, et que dire de la visseuse qui trône depuis trois mois dans les toilettes, en attendant qu'un copain passe pour fixer l'étagère ?

J'ai parfois l'impression que mon humain ne fonctionne qu'à la pulsion, sans réel désir, et que chaque petite envie ne se solde au final que par un petit bordel qui s'empile sur le précédent, en attendant le prochain.

FAIRE, RÉSISTER ET RECOMMENCER
Comme un chat

Nous avons tous par moments des petits désirs furtifs, comme des caprices à satisfaire. Parfois cela ne dure que quelques instants, mais qu'importe car, comme pour le chat, un petit plaisir est toujours bon à prendre !

Dans cette mécanique, le problème surgit quand ces petits caprices, assouvis, débutés, inassouvis deviennent en soi un véritable mode de fonctionnement.

Lorsqu'on cède à ce type de pulsion, en réalité, on ne créé pas, on se contente souvent de consommer, de jouir.

Lorsqu'on a envie d'un gâteau, entre l'acheter à la boulangerie et le pâtisser soi-même, il y a une nette différence, tout un monde même.

D'un côté le petit plaisir-pulsion, rapide et sans contrainte, de l'autre, la recette à trouver, les courses à faire, le temps de préparation, la minutie, la cuisson, le refroidissement, la dégustation, et… la prise de risque à l'offrir à ses invités, en espérant que le gâteau soit délicieux.

Mais la satisfaction est tellement moindre quand on se contente juste de passer commande chez le pâtissier à l'angle de la rue, même s'il garantit la qualité chaque jour de l'année !

Faire. Faire est la clef de tout.

Faire et ne pas baisser les bras quand la tâche se complique, faire encore, malgré les erreurs à corriger pour l'avenir.

Rien ne peut être accompli sans le fait de passer à l'action, de se jeter à l'eau. Tout métier, toute création passe par cette étape : mettre les mains à la pâte.

Il est beaucoup de gens qui commencent tout et ne finissent rien, car n'ayant pas jaugé la somme de travail à fournir ni le temps nécessaire à sa réalisation. Il ne faut pas croire que tout peut apparaître par magie, sans apprentissage, sans erreurs commises, répétées, corrigées.

Certes, il faut de l'ambition et de l'entrain pour acheter un paquet de farine, des œufs, du lait et espérer reproduire le résultat de notre pâtissier préféré, rien qu'en trois tours de cuillères et grâce à un tuto internet !

Mais si la pâte n'a pas levé, ce n'est pas une raison pour l'abandonner au fond du saladier et ne plus jamais se servir de son fouet et de son four. Au contraire !

Ne prenez pas à cause de choses insignifiantes comme un gâteau raté ou une pile de vaisselle oubliée l'habitude d'abandonner. Car quand il s'agit de projets, d'avenir professionnel, et même d'un engagement auprès de l'être aimé, les impacts de la logique « ne rien finir et tout commencer » peuvent avoir des effets dévastateurs.

Rien ne se passe, on stagne dans sa vie, dans son évolution. Rien ne se réalise, pas plus la naissance et la création d'un projet, que la réalisation de soi-même.

Ce jeu de saut de puce d'un centre d'intérêt à un autre, qui en effet n'oblige à rien, à aucune contrainte, à aucun effort, à aucun travail, n'aboutit qu'à une forme de flottement. Aucune concrétisation, aucun pas en avant, aucune évolution des connaissances, aucune nouvelle expérience, mais de plus, aucune expertise d'une matière, juste des connaissances de surface, et finalement, une construction morcelée de soi.

Dans ce cadre, pour notre développement personnel, faire ou ne pas faire, n'est alors pas une question.

Et si comme le chat...

Nous redéfinissions nos réelles envies ? Nous nous y tenions ? Même en cas d'échec, nous recommencions ?

Ne l'avez-vous jamais vu faire cela ?

Chaque jour, pour le moindre détail ou la chasse la plus cruciale, le chat se concentre ; planté devant un trou de souris, il attend des heures s'il le faut. Il arrive qu'il rate sa proie, mais il ne se disperse pas : il recommence, jusqu'à parvenir à ses fins !

FRIMEUR.
MOI AUSSI, UN JOUR, J'AURAI DES POILS !
-SAM-

À vous de jouer !

ET AUJOURD'HUI OÙ EN ÊTES-VOUS ?

Dans mon travail :

Ai-je osé me lancer dans un nouveau projet, un challenge, une nouvelle tâche ? ☐ OUI ☐ NON
Si oui, ai-je :
☐ réussi ☐ échoué ☐ abandonné ☐ recommencé ?

Dans mon cercle amical et amoureux :

Ai-je tout mis en place pour faire de nouvelles rencontres ? ☐ OUI ☐ NON
Si oui, ai-je :
☐ réussi ☐ échoué ☐ abandonné ☐ recommencé ?

Dans mon cercle familial :

Ai-je vraiment tout dit pour que ma famille comprenne ce que je fais, ce que je vis ? ☐ OUI ☐ NON
Si oui, ai-je :
☐ réussi ☐ échoué ☐ abandonné ☐ recommencé ?

Dans ma vie sociale :

Ai-je vraiment tout fait pour m'ouvrir aux autres ? Pour être accepté comme je suis ? ☐ OUI ☐ NON
Si oui, ai-je :
☐ réussi ☐ échoué ☐ abandonné ☐ recommencé ?

Faire est la clef de tout pour changer. Et si faire n'apporte pas toujours la victoire, recommencer reste la seule issue pour avancer.

Et changer pour vivre comme un chat

METTRE SA VIE EN ACTION EST UN PAS.
REFAIRE CHAQUE PAS DESSINE CE QUI SERA.

Aujourd'hui,
c'est chat ou c'est pas chat?

Avez-vous bien respecté ce que préconise le chat aujourd'hui ?

- ☐ Oui
- ☐ Non
- ☐ Chat va venir…

JOUR 12

APPRENDRE ET ÉCOUTER

« Seuls les autres m'ont appris. »

Le chat

L'effet Apéro

Pourquoi mon humain parle-t-il de plus en plus fort au fur et à mesure qu'il boit des liquides bizarres qui puent autour de MA table basse avec ses copains ?

Est-ce leur ouïe qui diminue à tous quand ils discutent entre eux, ou l'effet de ces boissons qui les empêchent de continuer de s'écouter mutuellement ?

D'autant plus qu'ils finissent par m'oublier !

Si à la première tournée de leurs biberons, j'ai eu droit à quelques miettes de charcuterie, après, on m'oublie !

Ça ne va pas là !

APPRENDRE ET ÉCOUTER
Comme un chat

Il y a eu les parents, les professeurs, les copains, les rencontres, toutes ces personnes qui ont construit ce que nous sommes devenus aujourd'hui.

Et au final, à bien y repenser, le sens que nous avons le plus utilisé pour grandir, apprendre, nous former, c'est l'ouïe, ce sens considéré comme parent pauvre de nos cinq sens.

Il est le plus oublié contrairement à la vue, à l'odorat, il est tellement puissant et incontournable dans notre vie humaine, que nous le considérons tous comme une sorte d'acquis.

Ceci étant dit donc, l'ouïe, dont on peut immédiatement se rendre compte de l'impact sur notre imaginaire, lorsque l'on regarde un film et que l'on coupe le son, juste pour s'amuser, pour le remplacer par un grand classique du type *La danse des canards*. Effet garanti. Il n'y a rien de plus à prouver quant à la puissance immédiate de ce sens.

Nous apprenons par l'image, par la lecture, oui, nous développons notre sens du toucher, du goût par l'expérience, c'est exact, mais **l'essentiel de notre apprentissage qui perdurera tout au long de notre vie,** lorsque nous aurons quitté les cahiers, les études, et même les livres de chevet, résultera de ce que nous aurons entendu et mémorisé.

Souvenez-vous de vos dernières conversations entre amis. Qui n'a pas dit à un moment autour de la table : « L'autre jour j'ai entendu que… » ou, « On m'a dit que… » ?

L'écoute nous accompagne et reste ancrée dans notre apprentissage de l'existence.

Il y a l'écoute, mais plus important encore, la capacité d'écoute dont nous pouvons faire preuve envers les autres.

Qu'apprenons-nous comme nouvelle connaissance, à travers les expériences de vie de nos propres amis, quand, autour de cette table basse que décrit le chat, chacun y va de son anecdote et de son petit chapitre, qu'au final personne n'écoute, car tentant de caser le sien, à grand renfort de décibels ?

Rien. Nous n'entendons rien, nous n'apprenons rien, car au final, il faut bien avouer que par moments, nous n'écoutons que nous-même.

À quoi servent les autres à ce moment-là ? Qu'est-ce que l'on partage ?

Asséner des vérités premières, comme nous sommes tous capables de le faire – et comme nous le faisons tous à un moment –, ne cultive que le petit potager que nous entretenons autour de notre nombril. Travers humain commun à tous, propre à chacun, que l'on cultive, mais dont on doit s'éloigner par moments, si l'on veut encore apprendre.

D'ailleurs, voici une anecdote de passage. Alors que je partageais un repas avec des amis plus âgés, sûr de moi et du bien fondé de ma pensée, j'ai alors lancé : « Non mais objectivement, elle est sympa, mais elle ne fout rien ! ... »

Avant même que je ne poursuive ma phrase, mon voisin de table, quelque peu mieux équipé que moi sur les rouages de la vie a simplement dit : « Objectivement ? »

Je me suis alors rendu compte de ma bêtise.

Il n'y avait rien d'objectif dans ce que je disais, ne connaissant même pas toutes les facettes de cette jeune femme, ni les liens qui la reliaient à cette société. Il n'y avait que mon avis, à courte vue, sans réelle écoute du reste du sujet, il n'y avait que ma certitude infondée. *Mea culpa.*

Apprendre… il nous reste à tous, je le pense, encore beaucoup à écouter pour apprendre.

Et si comme le chat…

Cet être qui ne miaule que pour échanger avec l'humain, et rarement à l'état naturel avec ses congénères, nous apprenions par moments à nous taire ?

Juste pour écouter.

Écouter, c'est apprendre de l'autre, c'est aussi apprendre sur l'autre, et être capable de se mettre à sa place, faire preuve d'empathie et comprendre ses motivations.

Le chat par son silence, nous appelle à la sagesse, à la considération des propos de notre voisin.

L'échange, quand il est partagé tour à tour nourrit chacun, permet de grandir, d'étoffer son point de vue, et au fil du temps, de ne plus mitrailler l'assistance d'inepties que l'on étale telles des vérités immuables, sans nuance, et que l'on demande de prendre pour argent comptant.

Qu'apprend-t-on quand on ne sait écouter ? Se gargariser de l'écho de sa propre voix n'amène qu'à une impasse, jamais sur les chemins du savoir et de la liberté de pensée du chat.

LONGTEMPS JE ME SUIS LEVÉ À PAS D'HEURE...
O Fortuna, velut luna statu variabilis, semper crescis aut descrescis ; vita detestabilis. Nunc obdurat et tunc curat ludo mentis aciem, egestatem, potestatem dissolvit ut glaciem.
Sed ut perspiciatis unde omnis iste natus error sit voluptatem accusantium doloremque laudantium, totam rem aperiam, eaque ipsa quae ab illo inventore veritatis et quasi architecto beatae vitae dicta sunt explicabo. Nemo enim ipsam voluptatem quia voluptas sit aspernatur aut odit aut fugit, sed quia consequuntur magni dolores eos qui ratione voluptatem sequi nesciunt. Neque porro quisquam est, qui dolorem ipsum quia dolor sit amet, consectetur, adipisci velit, sed quia non numquam eius modi tempora incidunt ut labore et dolore magnam aliquam quaerat voluptatem. Ut enim ad minima veniam, quis nostrum exercitationem ullam corporis suscipit laboriosam, nisi ut aliquid ex ea commodi consequatur? Quis autem vel eum iure reprehenderit qui in ea voluptate velit esse quam nihil molestiae consequatur, vel illum qui dolorem eum fugiat quo voluptas
DICTIONNAIRE
ILLUSTRÉ
LES CHATS DANS L'ART
-SAM-

À vous de jouer !

ÊTRE À L'ÉCOUTE ?

Organisez un repas avec 4 ou 5 personnes. Notez les prénoms et à l'issue de votre soirée une chose nouvelle que vous aurez apprise sur chacun d'eux.

Les prénoms	Une chose nouvelle que j'ai apprise sur
....	....
....	....
....	....
....	....
....	....
....	....

Ça vous a plu ? N'hésitez pas à recommencer !

Et changer pour vivre comme un chat

ÉCOUTER POUR SE NOURRIR, GRANDIR.
ÉCOUTER POUR CHANGER.

Aujourd'hui, c'est chat ou c'est pas chat?

Avez-vous bien respecté ce que préconise le chat aujourd'hui ?

- ☐ Oui
- ☐ Non
- ☐ Chat va venir…

JOUR 13

SÉDUIRE

« La séduction est art félin pour l'autre. »

Le chat

Communication impossible

Pourquoi mon humain ne cesse d'entrer en conflit avec son partenaire humain chaque soir ?

Côté décibels, pas un pour rattraper l'autre ! Ils se hurlent dessus comme si c'était un rituel de séduction, chaque soir, dans le salon.

Je veux bien avouer que chez nous, chats, les approches amoureuses ne sont pas toujours des plus dociles, mais cela fait partie du jeu.

Mais quel rapprochement et quelle séduction, chez les humains ! Ils finissent toujours chacun de leur côté sans un mot. Parfois même à finir par dormir séparément.

C'est ça la vie à deux chez les humains ? Se rendre malade chaque jour de la présence de l'autre ?

Comme m'avait dit un jour le grand maître chat : « Vivre à deux, c'est pour vivre mieux, sinon autant rester seul, libre comme un chat. »

SÉDUIRE
Comme un chat

Séduire l'autre n'est pas toujours facile. Pour autant, chacun tente de jouer sa partition en fonction de ses atouts, de ses désirs, vrais comme fantasmés.

Quand je dis chacun, c'est faux en réalité, car l'âge avançant, force est de constater que nombreux sont celles et ceux, qui préfèrent l'attitude hautaine ou cynique pour mieux se protéger de l'envie d'être séduit, comme de séduire, pour se prémunir du risque et des déceptions amoureuses. Car cela entraîne évidemment le risque de tomber amoureux qui en découle naturellement.

Le chat peut s'interroger à juste titre sur notre propension à pleurer notre solitude, tout comme à hurler de manière inconséquente après notre compagnon de vie, ou de se refuser tout bonheur conjugal. C'est vraiment à n'y rien comprendre. **Nous ne semblons jamais en accord avec nous-mêmes concernant l'art délicat de la séduction.**

Séduire quand on est seul n'est déjà pas une mince affaire, mais se dire que plus rien ne sert de séduire quand on est deux, est vraiment une erreur que tout couple humain commet, avant de finir par ouvrir les yeux, parfois trop tard.

Les chats c'est vrai, de par leur mode de reproduction, ne s'encombrent pas toujours des aléas d'une vie de couple. Ils vont, viennent, changent de partenaires ! Les mâles doivent d'abord entrer en conflit avec les autres mâles pour approcher la femelle concernée, et une fois la concurrence écartée, doivent ensuite se confronter à elle, car cela fait partie de leur parade amoureuse. Pas si simple !

Mais une chose est sûre chez les chats, une fois les pulsions et le désir de l'autre passé, ils ne s'encombrent pas d'une vie de couple dont ils n'ont que faire, puisqu'ils savent que cela n'est pas dans leur nature – même s'il existe des couples de chats amoureux !

Peut-être devrions-nous en tenir compte également dans nos couples. Quand il y a tout à gagner à vivre à deux et à partager quand on est amoureux, reste cependant à craindre une vie à deux, menée à marche forcée.

Mais est-ce normal de ne plus désirer séduire l'autre une fois qu'on s'est « installé » ?

En réalité, il s'agit juste d'un peu de facilité, juste d'un peu de laisser-aller, qui peuvent finir par enrayer la machine, alors que tout démarrait si bien ! ... Et le chat, depuis le bord du canapé écoute, et secoue la tête, sans comprendre ce jeu de peur et de défi, impassible.

Histoire d'un soir ? Espoir !

Histoire sans lendemain... Au moins !

Histoire d'amour... Même chez les chats il existe le mot « toujours ».

Et si comme le chat…

Nous redéfinissions et nous utilisions la séduction de manière positive ?

Il est un temps pour séduire, un temps pour rester, un temps pour partir et un temps pour construire. Les chats tranchent et décident de cela dans un claquement de griffes. Faisons comme le chat !

VOUS HABITEZ ENCORE CHEZ VOS HUMAINS ?

À vous de jouer !

Des proverbes sur la séduction et l'amour à compléter

« ……………………………-moi, je te fuis ; ……………………………-moi, je te …………………………… . »

« Il vaut mieux être …………………………… que …………………………… . »

« L'…………………………… ne laisse qu'une seule occupation, …………………………… à l'être aimé. »

« En amour, l'…………………………… le plus naïf est toujours le plus …………………………… . »

« En donnant de l'………………, on finit par en …………………… . »

À votre créativité ! Inventez votre propre proverbe sur le thème de l'amour.

………………………………………………………………………………

………………………………………………………………………………

………………………………………………………………………………

Voir les réponses en page 251.

Et changer pour vivre comme un chat

IL N'EST JAMAIS TROP TARD POUR SÉDUIRE ET ÉCOUTER SES DÉSIRS. IL N'EST JAMAIS TROP TÔT POUR CHANGER DE VIE.

Aujourd'hui, c'est chat ou c'est pas chat?

Avez-vous bien respecté ce que préconise le chat aujourd'hui ?

- ☐ Oui
- ☐ Non
- ☐ Chat va venir…

JOUR 14

AIMER ET PARDONNER

« Les hommes et les femmes sont des siamois qu'on a séparés, et chacun passe sa vie à retrouver sa moitié. »

Le chat

Le cœur des peluches

Pourquoi mon humain vient-il de changer de partenaire de vie ?

Voilà des semaines que l'autre n'est plus à la maison, il me manque… Et puis tout à coup, je vois une nouvelle tête qui surgit.

Qui est cette nouvelle personne ? Une amoureuse ? Une copine ? Elle tente de m'amadouer par quelques caresses, quelques gourmandises, mais qui tente-t-elle de séduire au final ? Moi ou lui ?

C'est à moi de m'adapter, d'accepter l'apparition de ce nouvel énergumène dans nos vies.

Mon humain s'en est-il soucié pour moi ? Qui me parle ? Qui m'explique ce qu'il se passe ?

Nous ne sommes pas des peluches dont on change les maîtres à l'envie.

AIMER ET PARDONNER
Comme un chat

Séparations, turbulences de vie. Nous y sommes tous soumis. Rien n'est écrit. Et pourtant, les chats comme les enfants, sont les premières victimes collatérales de nos changements de vie.

Enfants ? Chats ? Quel rapport ?

Ils subissent, sans que personne ne leur demande leur avis, les bouleversements qui surviennent.

Et jusqu'où faut-il faire preuve d'amour et de pardon, pour accepter au mieux cette nouvelle situation, cette nouvelle vie avec cet étranger…

Les choix d'adultes que nous faisons dans notre vie amoureuse, dans notre vie de couple, n'ont parfois pour origine que notre égoïsme ou nombrilisme.

L'égoïsme de l'amour nous pousse souvent à n'y penser qu'après coup, une fois passées les premières terres brûlées.

Malgré tout, comme le chat, de manière neutre, on peut s'étonner et même être effrayé de voir surgir dans nos vies de nouvelles têtes, qui ne se présentent pas et envahissent notre territoire, notre entourage et notre quotidien.

Le chat peut lui se défendre des ersatz et autres fauteurs de trouble dans son environnement.

Chacun aura l'occasion de se souvenir de « l'étranger », que vous avez tenté de lui présenter, et du coup de griffes qu'il s'est pris, en guise de bonjour.

Les chats savent ce qu'ils doivent ou non tolérer. Ils ont un processus d'acceptation. Oui, avec un chat, il faut montrer patte blanche pour qu'il tolère dans les premiers temps notre présence. Avant même de savoir s'il va nous aimer.

Les enfants font de même lorsqu'ils découvrent un nouveau visage lors d'un repas du soir.

Pour autant, qui a expliqué au chat comme aux enfants le pourquoi du comment ? Comment faire confiance ? Pourquoi ?

Qui donne les clefs ?

La perte, la disparition de l'ancien visage, de l'ancien parent, est suffisamment abrupte et difficile à accepter, mais ouvrir les bras en grand à la nouveauté sans en avoir été prévenu...

« Je ne veux pas dit le chat » ... « Je ne veux plus » dit l'enfant, quand le même scénario se répète tous les six mois.

Et pourtant ils restent et aiment et pardonnent à chaque instant, malgré les bêtises que nous faisons.

Si les chats nous vouent leur fidélité à vie, en tant qu'humain, il nous est souvent bien compliqué de déployer autant de sentiments d'amour qu'eux dans notre vie amoureuse... Peut-on au moins faire preuve d'un minimum d'attention pour eux qui n'ont rien demandé, qui subissent, qui acceptent, qui pardonnent, sans jamais malgré tout, oublier de nous aimer ?

Et si comme le chat…

Nous cessions de faire souffrir notre présent de notre passé ?

Simple, très simple, de ne pas faire subir nos doutes et les aléas de nos désirs à notre entourage. Il suffit de mettre le holà, et de penser par moments à eux en priorité, plus qu'à soi.

Le chat fait-il preuve d'autant de laisser-aller dans ses sentiments, en se disant : « On verra bien comment ça se passe ? ».

Jamais.

Le chat ne fait jamais à la « va comme j'te pousse », il fait, ou ne fait pas, il aime ou il n'aime pas.

À vous de jouer !

OFFREZ DU BONHEUR

Voici une petite liste de choses à faire pour vous donner des idées afin de diffuser l'amour autour de vous. Cochez, ajoutez, et tentez d'en mettre une en œuvre de temps en temps. Cela fera du bien à votre entourage, autant qu'à vous.

- ☐ Pardonnez à votre ex.
- ☐ Pardonnez-vous de ne pas toujours être au top.
- ☐ Appelez la personne avec qui vous êtes en froid depuis quelque temps.
- ☐ Répondez à un sourire qu'on vous offre sans défiance.
- ☐ Offrez un simple sourire à celui qui est dans la rue.
- ☐ Appelez la grand-mère que vous n'avez pas vue depuis des lustres.
- ☐ Oubliez la vengeance que vous planifiez. Elle ne vous apportera rien.
- ☐ Invitez votre voisin, voisine, esseulé durant la période des fêtes à passer un moment avec vous.
- ☐ Envoyez des cartes postales aux personnes chères qui ne vous voient pas si souvent, lorsque vous êtes en vacances.
- ☐ Apporter des croissants parfois le matin au bureau pour passer un bon moment avec vos collègues.

Notez vos idées pour offrir encore plus de bonheur :

....

....

....

....

Et changer pour vivre comme un chat

ET REVIENDRONT TOUJOURS LES SOUVENIRS.
ET VIENDRONT TOUJOURS LES NOUVEAUTÉS.
SI L'ON SAIT PRÉSERVER, SI L'ON SAIT AIMER.

Aujourd'hui, c'est chat ou c'est pas chat ?

Avez-vous bien respecté ce que préconise le chat aujourd'hui ?

- ☐ Oui
- ☐ Non
- ☐ Chat va venir…

JOUR 15

CROIRE EN SOI, EN SES PROJETS

« S'il m'était donné de croire encore une fois, j'aimerais que ce soit en moi, plus qu'en toute autre chose. »

Le chat

Repeindre sa vie

Pourquoi mon humain passe-t-il ses soirées à peindre dans son garage tout en refusant de montrer la moindre de ses toiles à qui que ce soit ?

Si ! Je le sais ! À chaque fois que quelqu'un lui demande des nouvelles de son travail, il fait mine d'avoir laissé tomber, d'être débordé par son boulot et de ne pas avoir le temps de s'y remettre !

Alors que franchement, il y a des portraits de moi qui pourraient largement remplacer La Joconde *avec sa coupe de nonne mal dégrossie dans la grande salle du Louvre ! Comment ça je suis de Marseille ?*

Et si certains se demandent comment je m'y connais en art, qu'ils jettent un œil à l'esquisse sculpturale que j'ai entamé du bout des griffes au dos de leur canapé !

CROIRE EN SOI, EN SES PROJETS
Comme un chat

Projets, rêves secrets, passions entretenues et camouflées. Peur du regard de son entourage, peur du jugement.

Il est tellement de raisons de perdre foi en soi, en ses projets, en ses plus profondes envies, lorsque l'on manque de confiance en soi et que l'on baigne dans un environnement négatif.

Vivre comme un chat, c'est aussi savoir être dur quand il le faut, sans compromis.

Mais croire en soi, qu'est-ce que cela signifie ?

C'est prendre conscience que le monde qui existe autour de nous est identique au monde qui existe à l'intérieur de nous. À la grande différence que nous pouvons en modifier le décor, les personnages, les rapports de force. Magique non ?

Nous pouvons nous y projeter, dans la peau de la personne que nous rêvons d'être, un peu comme dans un jeu vidéo.

Mais à forger nos désirs, à croire en nos capacités, à visualiser ce que secrètement nous rêvons de faire ou de devenir, nous influons progressivement sur le monde réel extérieur. Car c'est en tordant le réel dans le sens de nos rêves, que nous nous habituons sans nous en rendre compte à agir.

Incroyable ? C'est cela la confiance en soi, uniquement cela. Être capable d'aller au bout de ses projets, c'est bien ; prendre conscience de l'influence que l'on a sur notre vie, c'est mieux. Et si, comme l'adage le répète « les rêves deviennent réalité », autant rêver beau.

Et si comme le chat…

Nous apprenions à suffisamment connaître nos qualités et nos défauts afin de nous affirmer et de laisser une place à nos rêves, même les plus fous ?

Le chat n'agit que s'il désire quelque chose et sait qu'il a toutes les capacités pour l'accomplir.

À vous de jouer !

Coloriez la jauge selon le degré d'accomplissement de votre rêve le plus fou :

Si vous êtes un artiste :

Finir un projet artistique (peinture, roman).

0	1	2	3	4	5	6	7	8	9	10

Si vous êtes timide :

Faire une présentation devant un groupe de personnes.

0	1	2	3	4	5	6	7	8	9	10

Si vous êtes sportif :

Dépasser votre dernier record.

0	1	2	3	4	5	6	7	8	9	10

Si vous visez un nouveau poste :

Progresser dans vos objectifs professionnels.

0	1	2	3	4	5	6	7	8	9	10

Si vous avez un rêve fou, placez vos propres objectifs en priorité !

Et changer pour vivre comme un chat

PROJETEZ L'IMAGE QUE VOUS AVEZ DE VOUS-MÊME DANS LE MONDE RÉEL. ELLE Y PRENDRA RACINE, ELLE Y GRANDIRA.

Aujourd'hui, c'est chat ou c'est pas chat?

Avez-vous bien respecté ce que préconise le chat aujourd'hui ?

- ☐ Oui
- ☐ Non
- ☐ Chat va venir…

-SAM-

??? QUESTIONS MÉTAPHYSIQUES DU CHAT restées sans réponse

OBSERVATIONS HYGIÉNIQUES

Pourquoi mon humain se met-il sous la pluie dans la salle-de-bains tous les jours ? Qui lui apprendra un jour à se laver comme un chat ?

Et à ce propos, pourquoi change-t-il d'odeur quand il sort de la salle où il pleut ? Il s'asperge et pffft ! je ne reconnais plus son odeur !

Pourquoi mon humain pue des pieds ? Si, souvent, en fin de journée, on ne va pas se raconter d'histoires, il pue des pieds.

Pourquoi arrive-t-il que mon humain ne se lave pas deux jours de suite par semaine ! D'accord, il ne sort pas durant ce temps-là… Mais quand même, quelques notions d'hygiène ?

JOUR 16

PRENDRE LE TEMPS

« Le temps n'existe que pour ceux qui en ont besoin. »

Le chat

Le grand chambardement

Pourquoi mon humain ne cesse de courir dans tous les sens du matin au soir ? Je suis bien content quand la tornade claque la porte certains matins. Mais voilà que le week-end, ça recommence ! Et j'en ai pour toute la journée ! Aspirateur hurlant dès l'aube, il pousse MON canapé, les tables, les chaises, je me réfugie dans la chambre pour échapper à cet enfer, mais à nouveau, le voilà qui débarque et retourne MA couette toute tiède !

Je saute dans le panier à linge pour me cacher, mais il débarque tel un ouragan pour me chasser. Il ouvre les placards, les fenêtres, parle dans la boîte noire greffée à son oreille en même temps, allume la télé, puis attaque la baignoire à grands seaux de javel !

PRENDRE LE TEMPS
Comme un chat

Le temps que l'on a pour faire, le temps que l'on n'a pas, le temps que l'on rêverait d'avoir, celui que l'on perd en croyant se détendre, le temps que l'on voudrait récupérer, celui que l'on pense avoir perdu hier, le temps…

Qui n'a pas rêvé d'avoir le temps de s'adapter ? Le temps de dire ? Le temps de faire ? Le temps de s'excuser ? Le temps de comprendre ? Le temps de pardonner ?

Une course infinie que nous entamons jeune, et qui souvent ne se termine que lorsque l'on met les voiles vers un ailleurs.

Qui parmi nous n'est pas otage de son temps ?

Un écrivain ? N'y croyez pas un instant ! Ou ceux des films peut-être ! Ou ceux qui font travailler des prêts de plume pour tenir le clavier à leur place.

Au milieu de cet ouvrage que je désirais écrire dans la tranquillité, en prenant le temps, les impératifs ne cessent de se cumuler, professionnels, personnels, financiers ! Et, comme chacun je vois les semaines qui se remplissent, les heures qui se condensent, les obligations se lister, sans pour autant qu'une heure de plus n'ait vu le jour en cette journée.

Faire avec, trouver le temps de bien faire, ne pas bâcler.

Ai-je besoin DU temps pour faire ? Non. J'ai besoin DE temps. Mais pas celui de la pendule, pas celui programmé, j'ai besoin d'une autre forme de temps. Un temps presque en apesanteur, un temps que j'aurais moi-même programmé. Un temps dans lequel je pourrais intégrer le nombre d'heures que je veux dans une journée.

Inimaginable ?

N'avez-vous jamais eu ce sentiment que par moments, le temps s'étirait ou au contraire passait à toute vitesse, et ceci, en faisant la même activité à seulement un jour d'écart ?

La perception que nous en avons alors, comme la manière dont nous avons rempli ce temps identique n'est pourtant pas la même. Nous avons fait plus de choses, de manière plus rapide, et pourtant seulement dix minutes se sont écoulées.

Il ne s'agit pas de temps en réalité, mais d'efficacité. De la manière dont tout s'est organisé dans notre tête comme autour de nous, pour que les actions s'emboîtent naturellement, comme un puzzle parfait.

C'est l'instant où le phénomène « baguette magique » naît, sans que l'on comprenne pourquoi.

À cet instant en réalité, nous avons fait comme le chat. Je m'explique : nous n'avons pas fait pour faire, parce qu'il fallait le faire à ce moment-là (dicté par qui, par quoi ?), nous avons fait car nous avons senti que c'était l'instant de le faire, qu'en nous comme autour de nous, tout était en place.

Et si comme le chat…

Pour redevenir mettre de notre temps, nous tentions de nous remettre en phase avec les éléments ?

Rien de mystique ou si peu dans ce propos. Il s'agit simplement d'être à l'écoute de nos envies, de faire à l'instant où nous sentons les choses, où elles vont nous faire plaisir, car c'est l'instant où tout se déroulera le plus naturellement du monde et dans la plus grande simplicité.

Aucune des actions du chat, aucun de ses mouvements n'est dicté par le temps, par l'heure. Ce temps qui lui est complètement étranger, dont il ne considère au mieux que la nuit et le jour sans savoir comment le désigner.

Il n'écoute que lui, ses envies de l'instant, pour ce qu'il doit faire, et en cela, il faut bien reconnaître, que le maître des horloges, c'est lui.

J'Y SUIS PRESQUE...
BIENTÔT J'AURAI MAÎTRISÉ LE REMBOBINAGE DE LAINE
BIENTÔT JE N'AURAI PLUS BESOIN DES HUMAINS !!
MOUHOUAH AHAHAHA HAHA !
-SAM-

À vous de jouer

COLORIEZ

Et maintenant, prenez le temps…

PRENDRE LE TEMPS N'EST PAS TRAÎNER. PRENDRE LE TEMPS, C'EST SE L'APPROPRIER.

Aujourd'hui, c'est chat ou c'est pas chat?

Avez-vous bien respecté ce que préconise le chat aujourd'hui ?

- ☐ Oui
- ☐ Non
- ☐ Chat va venir...

JOUR 17

ACCEPTER ET SAVOIR S'ADAPTER À TOUT

« Un événement, c'est une moitié de victoire, une moitié d'échec, un morceau de notre vie, un bout d'univers. »

Le chat

Non-stop

Pourquoi mon humain boite ? Je le vois, il a mal à la jambe ou au pied, il le sait, cela le fait souffrir, mais il continue de marcher.

Pourquoi ne prend-il pas le temps de se soigner ? De se lécher pour soigner ses plaies, de dormir, ou au minimum de rester assis ? Pourquoi ne prend-il pas le temps de laisser son corps faire son œuvre réparatrice ?

Qu'y a-t-il de plus urgent que sa bonne santé réellement ? Je le regarde boiter, et avoir de plus en plus mal au fil de la journée.

Faudra-t-il qu'il ne puisse plus du tout bouger pour qu'enfin, il soit obligé de s'arrêter et de se soigner ?

ACCEPTER ET SAVOIR S'ADAPTER À TOUT Comme un chat

Incompréhension bien légitime du chat qui nous voit souffrir, et continuer à tout faire pour encore plus souffrir.

Si pour nous, il paraît nécessaire de poursuivre nos activités comme nous le pouvons, même avec de grosses difficultés, quitte à aggraver nos souffrances, du point de vue du chat, qui lui, soigne la moindre plaie, se repose quand il est malade ou fatigué, cela relève certainement du masochisme.

On peut avoir une conscience professionnelle, et ne pas s'arrêter au moindre petit rhume, mais de là à y laisser sa santé, il y a des limites à ne pas franchir.

Me revient en mémoire cette cheffe d'équipe qui travaillait dans l'hôtellerie, avec un genou en miette et des injections dans l'épaule à pratiquer régulièrement pour soulager ses douleurs, suite à une surcharge de travail qui s'est aggravée.

Nombre de fois je lui ai dit d'aller chez le médecin pour prendre le temps de se rétablir.

Nombre de fois elle m'a répondu que la moitié de son équipe était absente, et qu'il fallait bien faire le travail, faire les chambres et retourner les matelas.

Et chaque jour l'état de son genou comme de son épaule empirait.

À faire double tâche, sans que la direction n'embauche de nouveaux bras, elle avait pris sur elle de sauver le navire ! Presque à finir par se convaincre que si elle était absente un jour, l'hôtel risquait de fermer.

C'est beau la conscience professionnelle, jusqu'au jour où on y laisse sa peau.

Et fatalement, ce jour arriva. L'épaule définitivement bloquée et le genou gros comme une montgolfière, il lui a été impossible de se mettre au volant de sa voiture ce matin-là.

Tranche de vie, petite histoire pour mieux illustrer qu'elle allait devoir accepter.

Accepter de ne pas être irremplaçable.

Accepter de se soigner.

Car ce ne fut pas quelques jours ou quelques semaines d'arrêt de travail, mais presque une année durant laquelle elle ne put reprendre son activité.

Elle avait un chat également, un chat qui secouait la tête quand, durant les premiers jours d'arrêt maladie, il la voyait encore s'agiter dans son ménage, son rangement pour s'occuper, faute de pouvoir se rendre à son travail.

Comme elle m'en témoigna, les premiers temps furent compliqués et elle eut du mal à simplement penser à se soigner. Impossible pour elle de rester en place.

Elle dut apprendre à s'adapter à sa nouvelle vie, à la maison, un peu au ralenti, calmer le rythme de ses activités, prendre le temps de faire les choses autrement, et laisser le temps guérisseur faire son œuvre.

Elle pensa à reprendre son poste, son travail, identique à hier, reprendre le cours de sa vie d'avant, suite à cette parenthèse.

Mais après de nombreux examens, les conclusions tombèrent : tout était soigné, mais d'une manière qui resterait fragile pour longtemps. Il lui fut désormais interdit de faire une activité debout durant plusieurs heures et de porter la moindre charge lourde.

La terre se déroba sous ses pieds quand elle se rendit compte qu'elle ne pourrait jamais reprendre son métier ni sa vie d'avant.

Accepter à nouveau. Accepter par nécessité de changer de vie, de changer de métier.

À force de vouloir aller jusqu'au bout, c'est toute sa vie qui bascula.

Heureusement pour elle, cette aventure malheureuse lui ouvrit les portes d'un nouveau métier moins épuisant et mieux rémunéré qu'auparavant, mais à quel prix pour sa santé ?

Et si comme le chat…

Nous restions à l'écoute de notre corps, de nos besoins ? Et si nous arrêtions de nous faire mal psychologiquement comme physiquement, à forcer des choses qui finissent par nous détruire ?

Le chat se lance-t-il dans une chasse à la gazelle quand il est fait pour les souris ?

Le chat accepte ce pour quoi il est fait et n'envie pas le léopard.

Et si le chat a vécu en appartement, il acceptera le déménagement à la campagne et s'adaptera à ses nouvelles conditions de vie.

Accepter ce que nous sommes, ce qui arrive dans notre vie, s'adapter au fil des événements, c'est comme le chat, ne plus mettre des coups de tête dans le mur qui s'est dressé devant nous. Car ce mur n'a pas été érigé pour seulement nous arrêter, mais pour nous engager à prendre une nouvelle direction, à le longer, jusqu'à le contourner.

À vous de jouer !

BODY POSITIVE ?

Savez-vous ce qu'est le *body positivisme* ? Il s'agit d'être plus fier de vous, d'accepter et d'aimer votre corps tel qu'il est.

Pas si bête cette technique toute chatounesque ! Le chat est beau, il le sait, le chat s'aime, tel qu'il est. Pourquoi ne pas faire de même ?

Quelques actions à mettre en place pour apprendre à vous aimer :

– Faites-vous un compliment en vous regardant dans le miroir.

– Prenez une jolie photo de vous.

– Chaque matin levez-vous en vous faisant un compliment.

– Habituez-vous à complimenter les parties de votre corps que vous aimez le moins.

C'est à vous ! Listez vos rituels *body positive* !

Et changer pour vivre comme un chat

TOUT ARRIVE POUR UNE BONNE RAISON. ACCEPTER LE CHANGEMENT, C'EST ENCORE REDESSINER SA VIE.

Aujourd'hui, c'est chat ou c'est pas chat?

Avez-vous bien respecté ce que préconise le chat aujourd'hui ?

- ☐ Oui
- ☐ Non
- ☐ Chat va venir…

JOUR 18

REVENIR AU NATUREL

« Aimer la beauté des yeux des chats,
c'est être ébloui par leur naturel. »

Le chat

Belle de jour

Pourquoi mon humain est-il méconnaissable entre le matin au réveil et le moment où il sort de la salle-de-bain, le matin comme le soir ?

À ce moment-là, je le reconnais tout juste, ni son odeur, ni son regard peinturluré. Mais au final, est-ce encore la même personne ?

Ce petit mensonge à changer de parure est-il nécessaire ? Surtout poussé parfois dans des excès colorés qui agressent la rétine et des senteurs qui me font éternuer ?

REVENIR AU NATUREL
Comme un chat

Répondre aux codes du moment, répondre aux tendances, et endosser encore, comme des numéros de dossards sur la peau, tout ce qui ne nous correspond pas : voilà à quoi en est parfois réduite notre personnalité.

Pauvre liberté d'épanouissement de notre être dans le regard du chat, quand il nous voit sortir du dressing, de la salle-de-bain, sans plus nous reconnaître.

A-t-il lui besoin de quelconques apparats ? Se sent-il obligé de calquer son apparence à celles des autres chats, des autres êtres, pour être accepté ? Jamais. Cela n'existe pas chez les chats !

Nous nous croyons si forts, si sûrs, si malins, au-dessus des normes, des autres êtres… Et pourtant, depuis la nuit des temps, par crainte, par peur, nous ne cessons de multiplier les tricheries esthétiques pour mieux paraître au regard des autres.

Notre équilibre, notre place, notre confiance en nous en dépend.

Il y eut l'époque des fausses fesses, celle des faux grains de beauté, celle du beurre à s'étaler sur le visage en guise de crème, celle des parfums capiteux pour hommes comme pour femmes, afin de camoufler les odeurs, l'époque des robes à longues traînes.

Artifices que nous avons su développer au fil du temps, des modes, pour chaque jour savoir nous faire accepter, désirer, attendre, aimer.

Qu'est-ce qui a changé depuis ces siècles derniers ? Nous avons construit des toilettes, oui. L'hygiène individuelle a progressé, évidemment. Pour autant, les fausses fesses en culotte de coton d'hier, n'ont été que remplacées par de fausses fesses en plastique directement greffées sous la peau.

Quant aux odeurs, pour les plus réfractaires à la pièce carrelée, même si la douche journalière s'est peu à peu imposée, beaucoup se sont démenés pour créer des déodorants à capacité de 72 heures de tenue pour avoir à éviter de se laver !

Que personne ne s'y trompe, je ne ferai pas ici l'apologie du retour à la « nature naturelle » pour ce qu'il est de notre paraître, à l'homme des bois, tel qu'on tente de nous le vendre aujourd'hui.

Quelle différence entre des lèvres gonflées au collagène et la petite panoplie post soixante-huitarde du grand retour au tout naturel quand on habite en hyper centre-ville ?

Paraître, sur soi, autour de soi, paraître. Rien n'a changé.

Et le chat depuis tous ces siècles observe notre capacité à nous mentir, à en faire des caisses, quand nous tentons encore de le faire rentrer dans une litière, alors que lui n'a jamais attendu qu'on lui apprenne la moindre notion d'hygiène, et encore moins le besoin de se fondre dans les pires travers esthétiques pour se sentir accepté.

Et si comme le chat…

Nous laissions de côté tous les artifices dont nous nous affublons afin de correspondre à la tendance du moment ? Revenir au naturel, comme le chat, c'est savoir évoluer dans toute sa beauté personnelle, unique puisqu'elle est nôtre, et qu'en aucun cas, elle ne peut être copiée.

Si la nature est belle, la personne est belle.

ET VOILÀ, PAS BESOIN DE CES ARTIFICES !
OUI C'EST MOI LE BEAU WALTER...

À vous de jouer !

DÉCOUVREZ CE QUI CRÉÉ VOTRE BEAUTÉ NATURELLE :

Aspect physique : Qu'est-ce qui est beau chez vous ? Au-delà même du physique ! Votre sourire ? Votre démarche ? Votre port de tête ? Votre rire ? Votre personnalité ? **Notez vos atouts :**

Vos passions ! Elles sont votre moteur, le génie qui s'exprime au fond de vous, une part de votre beauté intérieure. **Notez-les :**

Vos talents ! Ils participent à l'être unique que vous êtes à votre personnalité et votre charisme. **Quels sont-ils ?**

Assumer d'être qui l'on est, avec ses atouts, ses capacités comme ses défauts, c'est permettre à notre véritable beauté de s'épanouir et de s'exprimer dans le regard des autres.

Et changer pour vivre comme un chat

LA BEAUTÉ N'EST QUE LA NATURE QUI S'EXPRIME.

Aujourd'hui, c'est chat ou c'est pas chat?

Avez-vous bien respecté ce que préconise le chat aujourd'hui ?

- ☐ Oui
- ☐ Non
- ☐ Chat va venir…

JOUR 19

SORTIR DU CADRE POUR S'ÉMERVEILLER ET ENCORE SOURIRE

« Le jour où les merveilles du monde s'éteindront, je m'éteindrai avec elles. »

Le chat

Chat va mal

Pourquoi mon humain fait-il la tronche sans arrêt ? Le propre de l'humain n'est-il pas, à ce qu'il paraît, de sourire et de rire ?

Le seul moment où je le vois guilleret, c'est après une longue absence de plusieurs lunes, lorsqu'il revient avec la peau dorée.

Après cela, rapidement, son visage se referme, et son œil pétillant s'assombrit. Il n'a pas l'air heureux, quand je l'entends soupirer et que je le vois se forcer à sourire dans le miroir avant de partir chaque matin. Que pourrais-je bien faire pour lui ?

SORTIR DU CADRE, POUR S'ÉMERVEILLER ET ENCORE SOURIRE

Comme un chat

Nos œillères nous empêchent souvent de voir ce qui nous entoure, tout comme nos vies asthmatiques nous empêchent de respirer.

C'est un fait, nous vivons parfois sous perfusion de stress, et chaque fin de journée réclame sa soupape de décompression... Juste pour tenir.

Mais quand tenir ne signifie plus que subir, c'est alors que l'on se referme sur notre petit confort, notre petit carcan du quotidien qui lui, nous amène un peu de douceur.

Quand les sourires n'existent plus que pour décorer notre vie sociale extérieure, nos sourires ne sont plus que le vernis d'une existence bien vide, bien triste. Une existence bien seule également souvent, lorsqu'on rentre le soir, après l'*afterwork*, seul dans notre appartement.

Le chat nous y attend, il vient se faire caresser, nous câliner, nous accueillir, c'est peut-être le seul sourire sincère que nous aurons alors offert en ce lundi.

Chaque soirée, chaque week-end se ressemble, et nous n'attendons qu'une chose... Les vacances.

Pourquoi avons-nous besoin de vacances ? Pour nous reposer, oui, mais plus seulement depuis bien longtemps.

Nous avons avant tout besoin de vacances pour fuir nos vies. Fuir la grisaille et la morosité des villes, fuir le bruit, le stress, les vrombissements, les sonneries, fuir le chemin systématique et sans surprise de chaque matin, qui nous emmène vers la même chaise de bureau, les mêmes collègues.

Ce n'est pas le repos que nous cherchons le plus à travers nos vacances, mais la rupture de ce *continuum* de vie qui tourne en boucle. **Ce que nous désirons tous, c'est l'évasion, le changement.**

Pourquoi cette euphorie quand nous nous trouvons à quelques heures de partir, avec parfois secrètement, cet espoir fou de ne jamais revenir ?

N'avez-vous jamais eu ce sentiment étrange au moment où vous quittez votre travail pour partir dès le lendemain à la première heure direction le soleil, que quelque part, vous ne remettrez jamais les pieds devant cet écran ? Comme si nous désirions que quelque chose se produise... Un événement, une rencontre, une opportunité, un nouveau projet, un gain à la loterie... Quelque chose qui, comme par magie, pourrait nous arracher à ce quotidien dont on ne sait plus comment sortir.

Qu'est-il de plus agréable que le premier jour de vacances ?

Est-ce sain de ne rythmer nos calendriers annuels en fonction uniquement des moments où nous n'aurons pas à aller pointer ? Est-ce si sain de nous réjouir de l'année à venir seulement en fonction des ponts à étirer, des fêtes, des jours fériés, des RTT, des grèves à programmer ? Juste avant de poser nos vacances, comme on poserait quelques instants de bonheur volés ?

Sortir du cadre, faire un pas de côté, un entrechat…

Juste pour observer d'un point de vue extérieur nos vies et la manière dont nous les vivons, pour savoir si nous y prenons grand plaisir.

Faites un pas de côté, juste pour savoir si votre quotidien se peint de francs sourires, si vous êtes satisfait, si vous savez encore rire et vous émerveiller de vos activités, de votre travail, de vos rencontres, ou si, tout n'est plus que routine ennuyeuse, temps qui passe, jours à cocher, avant le grand lâcher prise : les vacances, tant attendues.

Certains sont capables d'aller loin pour imposer leurs vacances au détriment des autres ; elles sont leur ultime bouée de sauvetage, sans elle ils perdent leur sourire et leur joie de vivre.

Mais alors le chat me direz-vous ? Lui, n'a pas besoin de travailler !

Si, quand il doit se nourrir seul. Si, quand il doit défendre son territoire. Mais en quoi a-t-il besoin de vacances quand il fait tout cela à son rythme, pour son bon plaisir, par envie, quand il le désire, tout en gardant sa queue en l'air et sa bonne humeur ?

Et si comme le chat…

Nous mettions en perspective ce qui est essentiel dans nos vies, et toutes les obligations qui dévorent nos journées, sans en tirer aucun avantage ni satisfaction.

Le chat ne fait rien qui ne lui soit pas agréable. À bien y réfléchir, même si nous ne pouvons tout bouleverser dans nos vies, nous pouvons en éradiquer tout ce qui ne nous amène plus ce sourire, et essayer de voir sous un angle différent ce qui nous paraît pénible.

Alors, pourquoi ne pas adopter un peu de légèreté et de souplesse mentale ?

Savoir prendre du recul, est tout aussi vital pour préserver le bonheur dans notre vie.

Le chat se demande-t-il si sa situation est catastrophique ? Il la vit si elle lui convient, et en change, jusqu'à partir de son foyer si cela est nécessaire, et se faire adopter par un autre s'il le désire. Mais le chat choisit d'une certaine manière le bon côté de la vie, le sourire.

Le chat ne connaît ni travail, ni vacances, le chat est heureux, il me semble.

À vous de jouer!

LE JEU DU SOURIRE

Au fil de votre journée, comptez le nombre de sourires que vous aurez fait naître gratuitement dans votre entourage ou dans la rue.

Quelque chose de simple et de gratuit qui peut pourtant embellir une journée.

Et changer pour vivre comme un chat

FAITES UN PAS DE CÔTÉ, OBSERVEZ VOTRE VIE ET CHANGEZ CE QUI VOLE VOTRE SOURIRE. IL RENAÎTRA DANS VOTRE QUOTIDIEN, ET TOUT PRENDRA ALORS UN PETIT GOÛT DE VACANCES.

Aujourd'hui, c'est chat ou c'est pas chat?

Avez-vous bien respecté ce que préconise le chat aujourd'hui ?

- ☐ Oui
- ☐ Non
- ☐ Chat va venir…

JOUR 20

AVOIR DE L'ESTIME ET DE LA FIERTÉ POUR SOI

« Est-il besoin des autres pour savoir que l'on est le plus beau, la plus belle ? Et pas que physiquement ! Est-il pour autant besoin de s'en vanter ? »

Le chat

Miroir, mon beau miroir

Pourquoi mon humain passe des heures devant son miroir ? Quand nous, chats, nous passons devant sans avoir besoin la plupart du temps d'avoir à tourner la tête.

Quel besoin aurions-nous de nous ausculter comme des statues parfaites à longueur de journée ?

Nous sommes beaux, c'est un fait ! Mais de là à cultiver un nombrilisme exacerbé, à nous mirer pendant des heures pour tenter de nous convaincre d'un doute sur notre beauté, honnêtement, nous avons autre chose à faire.

AVOIR DE L'ESTIME, DE LA FIERTÉ POUR SOI
Comme un chat

Des complexes, chacun en a eu son lot à un moment ou à un autre de sa vie. Parfois ils s'estompent, parfois ils s'accrochent, augmentent jusqu'à nous envahir au point de nous empêcher de vivre.

Même si personne ne nous montre du doigt, même si l'on est à cent lieues de ressembler à un monstre de foire, l'image que nous renvoie le miroir n'est que celle que nous avons de nous-même, dans notre tête, mais en aucun cas celle de la réalité.

C'est un état psychologique que l'on observe fréquemment chez les personnes qui perdent rapidement beaucoup de poids. La silhouette se dessine différemment dans le miroir, pour autant, le cerveau ne la voit pas, et ne fait que projeter l'ancienne image de la personne, lorsqu'elle était obèse.

Nous avons tous tendance à avoir une image fausse ou mauvaise de nous-même.

Ce que nous voyons dans le miroir n'est pas ce que les autres perçoivent. Et plus nous allons chercher à peaufiner, à embellir de manière artificielle cette fausse image que nous avons de nous-même, plus nous aurons tendance à forcer certains traits de manière grossière, comme à camoufler ceux qu'il fallait mettre en valeur.

S'accepter tel qu'on est n'est pas toujours facile. Cela paraît pourtant si simple pour le chat !

Réclame-t-il une gaine pour camoufler son petit bourrelet sous les plis de sa fourrure ?

Contrairement à lui, nous subissons le diktat de la société humaine, dans ses travers, ses manières d'être, ses critiques, et de manière exponentielle lorsqu'on habite dans les grandes villes et que l'on désire se frayer dans les milieux les plus selects.

Si l'on cumule les premières pages de magazines de mode, l'image qu'on a de soi et les critères que l'on se doit de remplir, oui, à n'en pas douter, il y a peu de chance que le moindre d'entre nous parvienne à rentrer dans toutes les cases.

Pour autant, cela nous donnerait-il une meilleure estime de nous-même ?

Mais au fond... Que reste-t-il de toutes ces images projetées, de toutes ces cases proprettes sagement remplies et cochées ?

Et si comme le chat...

Nous n'avions que faire des lumières qui scintillent, des faux apparats pour tenter de construire une fausse personnalité qui ne correspond pas à ce que nous sommes ? Renier notre nature profonde, notre reflet, la vérité de notre image, nous oblige à en construire une de toute pièce, qui à coup sûr, elle, jamais ne brillera.

Observez la posture du chat quand il est assis, son allure et son assurance lorsqu'il marche, observez-le laisser venir les regards à lui, plutôt que d'aller les chercher chez les humains comme chez les autres chats.

À vous de jouer !

LE JEU DES POSTURES

Comment vous voyez-vous au quotidien ?
Cochez la posture qui vous ressemble le plus.

À présent, choisissez la posture que vous aimeriez endosser aujourd'hui et coloriez-là.
Amusez-vous à agir comme ce chat-là !

Et changer pour vivre comme un chat

DOUTER, C'EST METTRE UN DOIGT DANS L'ENGRENAGE DU PARAÎTRE. SOYEZ FIER DE LA PERSONNE QUE VOUS ÊTES. VOUS NE LA DEVEZ QU'À VOUS-MÊME.

Aujourd'hui, c'est chat ou c'est pas chat?

Avez-vous bien respecté ce que préconise le chat aujourd'hui ?

- ☐ Oui
- ☐ Non
- ☐ Chat va venir…

???

QUESTIONS MÉTAPHYSIQUES DU CHAT restées sans réponse

OBSERVATIONS QUOTIDIENNES

Pourquoi mon humain fait-il les cent pas dans le salon quand il parle tout seul avec une boîte noire collée à son oreille ?

Pourquoi mon humain change-t-il parfois jusqu'à trois fois de tenue dans la journée ? On vit très bien avec un seul costume, pourvu qu'il soit classe !

Pourquoi mon humain se met une serviette autour des fesses lorsqu'il sort de l'eau ? S'il n'aime pas l'eau, il n'avait qu'à pas y rentrer !

Pourquoi mon humain rejette-t-il cette fumée qui pue de sa bouche ? Est-ce un plaisir que de tousser et de se racler la gorge comme je le vois faire ? Et le pire c'est qu'il me la crache dans la figure !

C'EST SÛR, J'AI LA FORME !
LA FORME DE QUOI, PAR CONTRE, JE SAIS PAS...
-SAM-

JOUR 21

MANGER SAINEMENT POUR RESTER EN FORME

« Comme dirait le chat de Jean-Pierre Coffe quand on lui sert des croquettes : C'est de la merde ! »

Le chat

Les courses du bien manger

Pourquoi mon humain part-il le matin et ne revient le soir qu'une fois par semaine avec un sac de croquettes ?

OK, les croquettes c'est pratique, ça ne sèche pas, ça ne pourrit pas dans la gamelle. Mais bon, il faut avouer qu'un petit thon ou une crevette de temps à autre, voire tous les jours, ce n'est pas désagréable !

Je me dis qu'en fait, s'il faisait les courses pour manger tous les jours du frais, je mangerais de meilleures choses que ces croquettes, et certainement que s'il faisait de même pour lui, il ne s'en porterait que mieux !

MANGER SAINEMENT POUR RESTER EN FORME
Comme un chat

Manger bon, manger bien, manger sain, aujourd'hui tout le monde en parle.

Et les écoles de pensée ne cessent de fleurir sur le sujet. Ici « manger bio », là flexitarien, ici végétarien, là vegan, régime hyper protéiné, méthode bidule, régime crétois... Et j'en passe.

Mais il faut bien avouer que souvent, nos repas ressemblent de près au distributeur de croquettes de nos chats !

Les croquettes, c'est facile, c'est pratique, à portée de main, sans préparation, consommable en grande quantité et sans modération ! Cela ressemble de près en réalité à un paquet de chips format familial à grignoter dans le canapé en guise de repas !

Au-delà de toutes ces écoles qui brandissent la vérité du bien manger chacune à leur sauce, le chat lui, est beaucoup plus rationnel en la matière et peut, là encore, nous éclairer sur la bonne manière de manger.

Comme nous, le chat par nature est omnivore, le parallèle n'en est que plus simple. Comme nous, il mange de tout, et pour sa bonne santé comme pour la nôtre, il en a besoin.

Si les chiens peuvent devenir de véritables poubelles de table, à manger tout et n'importe quoi, le chat lui, sent longuement les aliments, et ne dégustera que ce qu'il désire, seulement s'il en a envie à cet instant-là, en quantité nécessaire et suffisante pour lui, même s'il aime ça, jamais plus.

Quel propriétaire de chat n'a jamais dit en tendant un morceau de jambon à son animal, qui détourne la tête à ce moment-là : « Je ne comprends pas, d'habitude il adore ça ! » ?

Manger bon, manger bien, manger sain, mais surtout manger à sa faim, juste à sa faim, comme le chat. Manger à sa faim, ni plus, ni moins.

Le chat est un grignoteur, et peut faire jusqu'à une quinzaine de petits repas par jour. Bien évidemment, ce n'est pas sous cet angle que je veux tirer parti de l'exemplarité du chat en matière de bien manger.

Le chat choisit, et reste à l'écoute à la fois de ses envies mais aussi de ce dont son corps a besoin.

Peut-être n'est-il pas si friand de la verdure qu'il va grignoter dans la pelouse ou les bacs à fleurs, car jamais il n'en mangera dans son écuelle. Pour autant, il sent que cet aliment lui est nécessaire pour digérer, se purger. Il ira donc de temps en temps grignoter sa luzerne, pour, c'est vrai parfois, mieux venir la vomir sur le paillasson de l'entrée.

Il sait de quoi il a besoin, et à quel moment. En sommes-nous tout aussi capables que lui, quand nous dévorons le contenu de notre assiette, un paquet de gâteaux pour caler une petite faim, ou par facilité, un burger livré à domicile ?

En réalité, nous gérons notre besoin alimentaire en fonction d'horaires, de pulsions, de gourmandise et non en fonction de besoins.

Petite parenthèse souriante, car bien entendu, il n'est pas question de copier la manière de manger du chat, mais de nous en inspirer pour nous rééquilibrer.

Et pour ma part, ce qui m'a le plus marqué dans cette observation, c'est tout d'abord le choix gustatif du chat en fonction de ses envies, de ses besoins nutritifs.

Mais en réalité, le plus important, c'est surtout sa propension à dire stop quand il n'a plus faim, à savoir très exactement quand s'arrêter de manger.

N'en déplaise aux accros des micros-repas pour chats, des repas pesés et des distributeurs de croquettes à l'unité, un chat n'a aucunement besoin de cela pour savoir réguler ses besoins alimentaires en qualité comme en quantité.

Pour le coup, voilà un exemple d'anthropomorphisme avéré, car jamais un chat n'a eu besoin de suivre un régime, contrairement à nous, pour bien se porter.

Et si comme le chat…

Nous réapprenions à manger ?

C'est-à-dire ? Faire comme lui, sans suivre aucune règle ni aucun régime « diététique ». Nous contenter de manger ce dont notre corps a envie, par goût, mais aussi pour combler certaines carences physiques en apports de minéraux, de protéines, de vitamines, que nous possédons tous individuellement, de manière complètement différente.

Ceci étant dit, si je n'avais qu'une chose à retenir sur la manière de se nourrir du chat, qui l'amène à rester en forme, et à n'être que rarement malade, c'est surtout sa capacité à savoir s'arrêter de manger, même s'il adore le petit pâté que vous venez de lui servir.

Pourquoi ne se goinfre-t-il pas de ce délice ? Incompréhensible pour nous, mais lui sait.

Et nous alors ? Pourquoi finissons-nous notre assiette, puis le plat, quand nous sommes déjà repus à nous en faire exploser la ceinture ?

Le chat ne mange qu'en fonction de sa faim, jamais plus.

Alors, pour rester en forme, pour garder la ligne, pourquoi ne pas faire comme le chat ?

À vous de jouer !

LA LISTE DE LA GRANDE BOUFFE !

Faites ce petit test : notez sincèrement absolument tout ce que vous avez mangé au cours de la journée, vraiment tout, et la quantité. De la moindre chips, au petit gâteau de passage jusqu'à la deuxième assiette de nouilles de midi.

Petit-déjeuner : ....

Matinée : ....

Déjeuner : ....

Goûter : ....

Grignotage : ....

Apéritif : ....

Dîner : ....

Grignotage soirée : ....

Grignotage nuit : ....

Avez-vous réussi à avoir au moins 2 aliments fétiches qui vous ont apporté le sourire dans la journée ?

MANGER, C'EST CHOISIR EN FONCTION DE SES BESOINS ET SAVOIR S'ARRÊTER. BIEN MANGER, C'EST BIEN VIVRE.

Aujourd'hui, c'est chat ou c'est pas chat?

Avez-vous bien respecté ce que préconise le chat aujourd'hui ?

- ☐ Oui
- ☐ Non
- ☐ Chat va venir…

JOUR 22

FAIRE DE L'EXERCICE (PAS DU SPORT)

« Celui qui me verra pousser de la fonte, il n'est pas né ! »

Le chat

Tout en souplesse

Pourquoi mon humain ne sait-il pas se déplacer autrement qu'avec un pas d'éléphant qui traîne les pieds ?

La souplesse s'acquiert avec l'entraînement, elle nous est surtout utile pour nous déplacer en toute discrétion, pour faire nos bonds, nos retombées, nos roulades. Souplesse égale agilité, égale facilité, égale jamais rien de cassé !

Combien d'humains peuvent se vanter de notre souplesse si utile pour chacune de nos actions au quotidien ?

La souplesse de notre corps est notre garantie pour rester en forme et en bonne santé.

FAIRE DE L'EXERCICE (PAS DU SPORT) Comme un chat

Mise en forme, remise en forme, jusqu'à soumise en forme ! C'est la promesse dans l'air du temps.

Impossible de choisir, impossible de ne pas faire son jogging matinal pour cocher les bonnes cases sur la fiche du trentenaire ou du quadra en pleine possession de son corps, au sommet de sa machine !

Et quand le chat patoune sur mon ventre en observant ma bêtise, j'ai la flemme de sortir, je l'observe, j'abdique.

Le sport qui jusque-là était un choix, une passion, une activité ludique, à exercer de manière régulière ou ponctuelle, sans que cela ne soit un sujet de dissertation, s'est depuis quelques années transformé en une pression supplémentaire pour tout un chacun.

Une fois de plus, même autour d'un apéro, il nous faut cocher les cases du paraître, du *healthy*, même en nous empiffrant de saucisson avec un verre de vin, tous, plus ou moins, nous mentons. **Avouons-le.**

Ou pas !

Mais à quoi ce jeu sert-il ? Entre ceux qui exhibent leurs dernières sneakers blanches pour le footing, mais à ne surtout pas tacher, et ceux qui exhibent leurs cartes de club où ils ne mettent jamais les pieds, il ne manque bien entendu dans la discussion, que ceux qui s'étendent sur le trek de cinq cents kilomètres qu'ils sont en train d'organiser pour…

l'été prochain, même si étrangement, les problématiques se cumulent rapidement pour qu'ils ne puissent le faire !

Et à chacun le droit, au milieu de ce petit jeu, de s'empiffrer encore du plateau mixte de charcuterie-fromage qui vient de débarquer sur la table.

Le sport est fait pour les sportifs parce qu'ils aiment ça. Mais il ne faudrait pas que cela devienne une source de pression, de culpabilité et de stress pour ceux qui n'ont pas le temps ou ne veulent pas en faire à un niveau olympique !

Ceci étant dit, concernant cette nouvelle tendance de société à laquelle la plupart d'entre nous se doit d'adhérer, même si ce n'est qu'avec une carte de membre, qu'en est-il réellement de l'utilité dont nous pouvons tirer profit de ce sport à outrance, de ce jogging journalier frisant – ou dépassant –, l'addiction, sur lequel nous devons nous aligner ?

Le sport est utile, oui, mais pas jusqu'à s'en démembrer. S'il devient juste un défouloir ne permettant pas de résoudre les problèmes qui se cumulent, alors ça ne va plus.

Le sport peut parfaitement symboliser la différence très mince entre se faire du bien et se faire du mal. Tout dépend des raisons pour lesquelles on le pratique, tout dépend de l'impact négatif ou positif sur notre santé.

Le sport est sain, nécessaire selon chacun, son activité plus ou moins sédentaire, sa santé. Pour autant, est-il nécessaire d'en avoir fait une telle doctrine, un jugement, une échelle de valeur des personnes que nous sommes tous individuellement ?

Et si comme le chat…

Nous ne faisions pas de sport ? Oui, vous le voyez courir, mais le chat ne fait jamais de sport. Il se contente de faire de l'exercice ! Son excellente forme physique tient en grande partie à l'exercice qu'il pratique chaque jour, et surtout, à ses nombreux étirements ! Avant, arrière, dos rond… Ce que le chat travaille avant tout, c'est sa souplesse ! Mais également la marche qu'il pratique chaque jour, et plusieurs fois par jour, en faisant le tour de contrôle de son territoire.

OUÂÂÂ!
ET VOILÀ
MON SPORT
POUR LA JOURNÉE !
SAM

À vous de jouer !

RESTEZ EN FORME COMME LE CHAT !

Deux petits exercices à faire chaque jour pour rester en forme comme le chat !

1 – La pandiculation

Drôle de nom pour parler des étirements matinaux que fait le chat avant d'effectuer le moindre mouvement. Ces étirements s'accompagnent de bâillements. Dans votre lit, faites de même au réveil, étirez vos bras, vos jambes, cambrez votre dos, et baillez longuement. Vous vous lèverez alors tout en souplesse et détendu, car ces étirements déclenchent la sécrétion d'endorphine par le cerveau, l'hormone du plaisir.

2 – Restez tonique en marchant

Les médecins ne cessent de le dire, une demi-heure à une heure de marche par jour est un minimum pour rester en bonne forme (environ 10 000 pas par jour). Mais le faisons-nous assez dans nos vies ?

Consultez le podomètre de votre smartphone dès ce soir et voyez le nombre de pas que vous avez effectué dans la journée : ....

En fonction de votre nombre de départ, fixez-vous un objectif de progression journalier : + 100, + 200 pas par jour.

Pour vous aider : ne prenez plus l'ascenseur mais l'escalier, allez à la boulangerie ou à la poste à pied et allez rendre visite à un ami proche de chez vous.

Ainsi, plus besoin de faire ce sport qui ne vous passionne pas forcément ; faites de l'exercice, comme le chat.

POUR LUI, RESTER EN FORME, C'EST RESTER EN VIE. MARCHEZ !

Aujourd'hui, c'est chat ou c'est pas chat?

Avez-vous bien respecté ce que préconise le chat aujourd'hui ?

- ☐ Oui
- ☐ Non
- ☐ Chat va venir…

JOUR 23

RESTER FIDÈLE ET LOYAL

« On ne peut être fidèle envers les autres qu'en étant tout d'abord fidèle à soi-même. »

Le chat

À la vie, à la mort

Pourquoi mon humain a-t-il adopté un chien ? On n'était pas bien tous les deux ? Et voilà que déboule dans notre quotidien tranquille, cette espèce d'agité du bocal qui court dans tous les sens, qui aboie sans arrêt et qui mange salement !

Nous, chats, malgré tous vos travers étranges d'humains, malgré vos caprices, vos accès d'humeurs, vos absences, nous vous avons choisi comme partenaire de vie, pour toujours.

Nous vous avons choisi car nous vous aimons, et lorsque nous aimons, c'est pour la vie. Nous vous sommes fidèles jusqu'au bout des griffes, mais avec l'arrivée de ce chiot maladroit et bruyant, je me demande si la fidélité est toujours de mise chez mon humain…

RESTER FIDÈLE ET LOYAL
Comme un chat

Fidèle en amitié, fidèle en amour, chacun a pu tester dans sa vie malheureusement parfois, les limites de cette fidélité, qui pourtant fait partie des grands rouages qui nous unissent.

Bien sûr qu'il nous est nécessaire par moments de nous éloigner un peu de nos cercles de connaissances, d'habitudes, avec ce sentiment d'avoir à se régénérer à de nouvelles sources, auprès de nouvelles rencontres.

Pour autant, cela vaut-il la peine de jeter le bébé avec l'eau du bain, quand des amitiés de vingt ou trente ans, ont pris tellement de temps, d'énergie, de confiance et de partage pour se construire ?

Nos vies sont courtes, et pourtant, chacun dans notre petite bulle, nous pensons pouvoir nous dédouaner à tout instant de ces liens, de cette fidélité avec un entourage qui aura été présent parfois plus de la moitié d'une vie, juste pour aller voir si dans le champ d'à côté, l'herbe en train de pousser est plus verte que celle que pendant toutes ces années nous avons broutée.

La nouveauté dans le paysage, nous laisse par moments sur le bas-côté des relations que nous avons entretenues tant d'années.

Dure loi humaine que cette mémoire à géométrie variable devant les nouveaux strass qui scintillent de l'autre côté du trottoir.

C'est bien ce que le chat souligne devant le caprice de cette adoption d'un nouvel animal de compagnie. Partager son maître, son espace, ce n'est déjà pas simple pour lui, mais se sentir supplanter et remplacer par ce nouvel arrivant... **Il y a en effet de quoi se sentir blessé, dénigré, presque abandonné pour la nouveauté.**

Travers bien humain que relève ici le chat, quand nous vivons de plus en plus dans un monde de zapping, qui réclame au quotidien sa nouvelle tendance, son gadget, son petit berlingot d'artifices...

Que reste-t-il au final si nous ne faisons que zapper ? Que conservons-nous dans notre vie comme épine dorsale, si à chaque instant nous ne préservons ni ne conservons rien près de nous ?

Fidélité. Le chat, vis-à-vis du rapport qu'il entretient avec son maître, a tant à nous apprendre en la matière.

Certains d'entre vous connaissent certainement une personne qui ne fait que papillonner de groupe en groupe. Et qui n'est pas facilement disponible quand vous avez besoin de sa présence.

Nous avons tous connu ce moment-là, cette personne-là. On trouve des excuses, on « comprend », tout en jetant le plat que l'on a fait mijoter.

On trouve toutes les explications, on se rassure, car après tout, au bout de dix ans ou plus d'amitié, il ne nous est même pas envisageable que cet ami nous ait simplement planté, pour allonger un apéritif avec de nouvelles rencontres dont il entrevoit quelques avantages...

Fidélité…

L'humain agit parfois comme une girouette inconséquente, attiré comme une mouche par les lumières, sans plus se souvenir avec qui, ni autour de quel feu de camp, hier, il partageait et se nourrissait.

En observant ces dernières années ce type de personnes, et comme pour beaucoup d'entre vous en ayant subi leur désinvolture en matière de fidélité, j'ai noté deux caractéristiques qui leur étaient communes : ce sont des jouisseurs, égocentriques, et ils finissent seuls.

L'infidélité que ce soit en amour ou en amitié amène à la solitude, car ce petit jeu de butinage finit inexorablement par se voir et se savoir.

À partir de cet instant, le papillon, aussi trublion puisse-t-il être n'attirera plus que ce qu'il est venu chercher : une sympathie de circonstance, pour quelques heures. Mais plus jamais il ne pourra construire de relation durable, fondée sur la confiance et le partage, tant son image et son passé transpireront la défiance et l'infidélité.

Qui a envie d'endosser les conséquences de vie de ce papillon inconséquent ? Certains humains oui, mais certainement pas le chat.

Et si comme le chat…

Nous prenions le temps de jauger parfois notre attitude vis-à-vis de notre entourage ? Sommes-nous si fidèles à tous ces proches qui ont participé à la construction de la personne que nous sommes devenus aujourd'hui ?

Nous dépendons d'eux comme ils dépendent de nous. En cela, la présence fidèle du chat à nos côtés nous le rappelle.

Et si comme le chat, nous prenions du recul sur notre entourage ? Le chat vient-il spontanément vers celles et ceux qui ne s'occupent de lui que lorsqu'ils n'ont rien d'autre à faire ? Le chat ne s'y trompe pas. Et nous ?

À vous de jouer !

INVITATION AU SOUVENIR

Pourquoi ne pas remercier vos amis ? Les nouveaux comme les anciens.

Prenez le temps de vous poser pour penser à eux et leur écrire une lettre pour leur dire à quel point vous les aimez, à quel point ils ont été importants dans votre vie, dans les pires comme dans les meilleurs moments. Envoyez-leur cette lettre.

Et même si cette personne ne fait plus partie de votre vie aujourd'hui, écrivez-lui quand même, et conservez cette lettre, en souvenir du passé.

Et changer pour vivre comme un chat

LA FIDÉLITÉ SE RÉCOLTE LORSQU'ON LA SÈME.

Aujourd'hui, c'est chat ou c'est pas chat?

Avez-vous bien respecté ce que préconise le chat aujourd'hui ?

- ☐ Oui
- ☐ Non
- ☐ Chat va venir…

JOUR 24

SAVOIR CE QUE L'ON VEUT, SAVOIR QUI L'ON EST

« Qui mieux que moi peut savoir ce que je désire ? »

Le chat

Un chat est un chat

Pourquoi mon humain dit-il toujours oui à tout ? Je suis le mieux placé pour en parler, je n'ai qu'à miauler et hop, la gamelle arrive, et je peux même exiger de changer le menu en dénigrant simplement l'écuelle pour qu'un nouveau plat me soit servi ! Pour les câlins, idem, il n'y a qu'à demander ! Pour sortir, je n'ai qu'à me planter devant la porte pour le voir accourir pour m'ouvrir !

Bon, avec moi, c'est normal, c'est MON humain, mais avec les autres ?

Pourquoi mon humain n'est-il pas le même selon qu'il y ait du monde ou non à la maison ? Qui est mon humain réellement ?

SAVOIR CE QUE L'ON VEUT, SAVOIR QUI L'ON EST
Comme un chat

Curieuse observation du chat qui nous voit par moments nous adapter à notre environnement, aux personnes présentes, jusqu'à nous y fondre…

Certaines personnes sont faites d'un seul bloc et ne tiennent jamais compte de l'endroit où elles se trouvent pour rester naturelles et dire ce qu'elles pensent, sans filtre. D'autres arrondissent les angles de leur discours et de leur attitude à la marge, quand d'autres encore sont de véritables caméléons. **Chacun réagit suivant sa personnalité, mais aussi par rapport à la confiance qu'il a en lui, à l'image qu'il porte, aux mots et aux idées qu'il développe.**

Les personnes qui ne se soucient jamais une seconde de la manière dont elles sont perçues, si elles doivent ou non s'adapter un peu à une situation, sont forts chanceuses. Elles sont comme le chat, donnent des ordres, demandent et obtiennent !

Ces personnes vivent pleinement au grand jour, sans ombre ni masque. Elles savent qui elles sont, elles savent ce qu'elles veulent, ne s'en cachent pas, et imposent leurs désirs et leur volonté selon leur bon plaisir.

Elles sont comme des chats, si tant est que ces fortes personnalités n'agissent pas comme des tyrans avec leur entourage, sans quoi elles ne sont qu'une boursouflure d'ego, dont bientôt la tête ne passera plus les portes, ce qui les forcera à rester dehors, bien loin de la communauté des autres Hommes.

Les caméléons quant à eux sont capables de naviguer sur toutes les eaux, d'être d'accord avec tous les discours, pourvu qu'ils soient acceptés dans le nouveau cercle qu'ils visent. Pour eux, celui qui parle le plus fort a toujours raison. Au loin, ils le repèrent, pour au plus près venir se coller à lui. Les caméléons n'ont pas de psyché, pas d'avis, pas de jugement.

Ils ne savent pas qui ils sont, pas plus que ce qu'ils veulent. Les caméléons vivent par procuration des morceaux de la vie des autres, et en changent dès qu'une opportunité qui leur semblent plus séduisante voit le jour.

Pour la plupart, nous ne sommes ni de ces gros chats qui savent s'imposer à tout propos, à tout instant, ni de ces caméléons qui serpentent. **Nous sommes souvent un peu de l'un, un peu de l'autre.**

En ce sens le chat nous est un guide permanent, car s'il est bien un trait de caractère à cultiver, c'est bien du côté du chat et non du caméléon qu'il faut pencher.

S'imposer, être plus sûr de soi, s'affirmer, comme le chat… Cela passe en priorité par se connaître bien soi-même, sans faux-semblant, sans se cacher derrière la dernière opinion à la mode.

Qui suis-je ?

Qu'est-ce que je veux pour moi, sincèrement ? Ressembler au milieu qui m'entoure ? M'en affranchir ? Assumer mes goûts, mes choix ?

Être honnête en répondant à ces simples questions, c'est déjà faire un grand pas vers soi.

Pourquoi se poser de telles questions, me direz-vous peut-être ? Le chat lui le fait-il ?

C'est bien toute notre différence, tout notre handicap par rapport à lui : le chat est et reste en accord avec lui-même naturellement, sans jamais avoir besoin de douter du bien-fondé de ses pensées, de ses envies.

Rester aligné avec soi-même, entre ce que l'on pense, ce que l'on désire et ce que l'on fait, c'est ouvrir les portes en grand pour laisser s'épanouir la personne que l'on est.

Et si comme le chat…

Nous reconnaissions sans concession la personne que nous sommes ? Il n'est jamais trop tard pour redresser la barre et opter pour agir comme le chat, sans doute sur lui-même, prêt à s'assumer tel qu'il est, dans sa globalité, sans se défaire par complaisance d'une once de sa personnalité.

C'est ce qui le fait si riche, si mystérieux, si attirant… C'est la promesse qu'il nous fait, à comme lui savoir qui nous sommes, ce que l'on veut, pour mieux nous imposer.

À vous de jouer !

SOYEZ QUI VOUS VOULEZ !

Vous connaissez vos forces et vos faiblesses en cet instant. Mais que voudriez-vous pour demain ?

Qui voudriez-vous être ?

Notez ici la personne que vous voudriez devenir : votre caractère, votre psychologie, votre attitude, votre physique, votre épanouissement...

Tout ce que vous rêvez d'être !

....

....

....

....

....

....

....

....

....

Dans trois ans, ressortez ce livre et faites le bilan de votre évolution.

Ce jour-là, faites une nouvelle liste, et ouvrez-la de nouveau dans trois ans.

Et changer pour vivre comme un chat

NE JAMAIS SE TRAHIR SOI-MÊME, C'EST NE JAMAIS SE PERDRE.

Aujourd'hui, c'est chat ou c'est pas chat?

Avez-vous bien respecté ce que préconise le chat aujourd'hui ?

- ☐ Oui
- ☐ Non
- ☐ Chat va venir…

JOUR 25

ÊTRE L'ÉPAULE, LE CONFIDENT SUR QUI L'ON PEUT COMPTER

« Quand on prend, c'est pour mieux donner. Nous ne sommes que des messagers. »

Le chat

Partager, chat compte !

Pourquoi mon humain m'ignore-t-il, lorsqu'il est plongé devant l'écran de son ordinateur ?

Pourquoi me repousse-t-il de la main lorsque je viens me frotter sous son cou, contre ses mains ? Il n'y a pas de quoi s'étonner qu'à mon tour, je l'ignore majestueusement, quand je suis tout accaparé par ma contemplation du soleil couchant, et qu'il désire me gratouiller la tête.

On ne peut pas toujours être en phase de ses envies vis-à-vis de l'autre, mais partager signifie aussi accepter de prendre sur soi, quand l'autre désire juste un peu d'attention.

ÊTRE L'ÉPAULE, LE CONFIDENT SUR QUI L'ON PEUT COMPTER

Comme un chat

Avons-nous tant d'amis que cela ? Beaucoup de copains au départ, et puis, l'âge avançant, c'est sur les doigts d'une main que l'on peut compter les êtres les plus chers qui poursuivent la route à nos côtés, comme nous la poursuivons avec eux.

Être présent, suivre la vie des autres comme ils suivent la nôtre, partager, quelle richesse de vie ! Une richesse dont on prend conscience parfois des années plus tard, après avoir aussi commis des erreurs vis-à-vis d'eux.

Sur qui pouvons-nous compter ? À qui pouvons-nous parler ? En toute transparence, en toute sincérité, sans être jugé ?

Rares sont les vrais confidents, les vraies personnes de confiance.

Parler puis écouter, c'est un partage qui doit fonctionner dans les deux sens.

Nous avons tous connu ou nous connaissons tous des « amitiés » ou des relations à sens unique. Nous avons été là quand l'autre avait besoin, mais le jour où ce fut notre tour, il n'y avait personne, aucune oreille attentive. Souvent, le voile s'est levé à cet instant-là, sur le mensonge de cette relation. Aucun partage, l'autre n'avait fait que prendre sans jamais rien donner.

Nous ne sommes pas tous doués quand il faut savoir se mettre à la place de l'autre, mais pour les proches avec qui nous traversons la vie, nous pouvons leur offrir un minimum d'attention et d'écoute.

Sans nous, sur qui peuvent-ils compter ? Et sans eux, sur qui pouvons-nous compter ? Partager sincèrement, un simple don de soi est déjà essentiel.

Pour ma part, depuis le collège, j'ai toujours attiré les secrets, et chacun venait me confier une part de ce qu'ils ne pouvaient partager avec leurs proches. Petit Garnier comme on m'appelait, Petit Garnier savait garder un secret.

J'étais alors, comme un chat auprès de qui on pouvait se livrer, sans enjeu, sans filtre.

Nous ne sommes pas tous ouverts de la même manière pour écouter, et encore moins des inconnus. Mais nous pouvons tous, comme le chat le fait avec nous, regarder la personne que l'on aime, avec ce regard tendre, et prendre en considération tous ses mots et toutes ses pensées.

Nous pouvons tous écouter comme nous aimerions être écoutés.

Et si comme le chat...

Nous sachions rester à l'écoute de nos proches et que nous prenions du temps pour eux ?

N'avez-vous jamais remarqué comme les chats sont capables de sentir nos sentiments de tristesse, de malaise, et à quel point ils viennent alors se frotter contre nous, se blottir dans nos bras en clignant des yeux, comme pour nous réconforter ?

Les chats donnent plus souvent qu'ils ne prennent. Quel meilleur exemple de partage que cet amour, cette attention qu'ils nous offrent à chaque instant ?

Peut-être serait-il salutaire pour nos vies, que de mimer cette attitude qu'il a envers nous, auprès de nos proches.

JE NE SAIS PAS D'OÙ ME VIENT CETTE PULSION INCONTRÔLABLE DE MANGER DU FROMAGE QUAND J'EN VOIS !
HM.
PARLEZ-MOI DE VOTRE MÈRE...
-SAM-

À vous de jouer !

COMMENT VOTRE ENTOURAGE VOUS PERÇOIT-IL ?

Demandez à deux de vos proches ce qu'ils pensent de vous en leur posant les questions suivantes, faites une moyenne de leurs réponses pour chaque question, et coloriez la jauge en fonction.

« Penses-tu que je sois quelqu'un de disponible ? »

0 1 2 3 4 5 6 7 8 9 10

« Penses-tu que je prenne assez de temps pour les autres ? »

0 1 2 3 4 5 6 7 8 9 10

« Penses-tu que je sache garder un secret ? »

0 1 2 3 4 5 6 7 8 9 10

« Penses-tu que je sois assez présent pour toi dans les moments difficiles ? »

0 1 2 3 4 5 6 7 8 9 10

« Penses-tu que je sois quelqu'un de confiance ? »

0 1 2 3 4 5 6 7 8 9 10

« Penses-tu que je sois susceptible ? »

0 1 2 3 4 5 6 7 8 9 10

« Penses-tu que je sois quelqu'un sur qui l'on peut compter à tout moment ? »

0 1 2 3 4 5 6 7 8 9 10

Et changer pour vivre comme un chat

SOYEZ L'ÉPAULE, LA BERGE OÙ ACCOSTER, VOUS Y TROUVEREZ LA VÔTRE.

Aujourd'hui, c'est chat ou c'est pas chat?

Avez-vous bien respecté ce que préconise le chat aujourd'hui ?

- ☐ Oui
- ☐ Non
- ☐ Chat va venir…

??? QUESTIONS MÉTAPHYSIQUES DU CHAT restées sans réponse

OBSERVATIONS D'INTERACTIONS

Pourquoi mon humain veut-il toujours me gratter le ventre ? Est-ce que je vais lui titiller son nombril moi ? Tout le monde déteste ça ! Alors pourquoi nous faire ce que vous-même vous détestez ?

Pourquoi mon humain ne veut-il pas que je l'accompagne aux toilettes ? Alors qu'il n'hésite jamais à me regarder et même à me parler quand je suis dans ma caisse.

Pourquoi mon humain me prend-il sans arrêt dans ses bras sans rien me demander, juste pour en plus me faire des bisous bruyants dans le cou ? Je suis à moitié sourd !

JOUR 26

ANTICIPER ET SE PRÉPARER

« Je fais aujourd'hui ce que j'ai préparé hier. »
Le chat

Aux urgences

Pourquoi mon humain est-il si nerveux en ce moment ? Il passe ses soirées devant des tonnes de livres, planté devant son écran, quand normalement à ces heures tardives, il devrait dormir, et moi, veiller sur ses nuits.

Il court dans tous les sens, s'active à mille tâches comme si quelque part, il était en retard sur tout, et que tout devait être fait dans l'urgence.

Il m'épuise à courir ainsi, comme lui s'épuise à ne dormir que quelques heures, sans pour autant parvenir à se poser de temps en temps calmement.

Pourquoi s'agite-t-il ainsi sans raison ? Quand j'ai le sentiment qu'il ne fait que brasser de l'air ? Pourquoi tant de stress ? Sans compter qu'au passage, il n'a plus le temps de s'occuper de moi une seconde.

ANTICIPER ET SE PRÉPARER Comme un chat

Préparer sa victoire, son concours, sa compétition sportive, son dossier brûlant pour le lendemain...

Nous avons tous déjà fait quelque chose à la dernière minute, durant nos études, pour notre travail et notre sphère familiale, pour répondre à nos obligations.

Faire au dernier moment, dans la précipitation, dans le stress, est un mode de fonctionnement dont nous sommes parvenus à nous détacher au fil du temps, ou que nous avons malheureusement fini par cultiver comme manière de vivre.

Sans jugement, il n'y a qu'à observer les conséquences quotidiennes de cette manière de faire, l'angoisse, l'affolement, sans oublier la longue liste de ce qui a été oublié au passage. De plus, avec cette méthode, les difficultés doublent avec les responsabilités !

Que ce soit pour remplir le frigo, pour organiser le départ à l'école comme pour rendre le dossier qui pourrait nous valoir une augmentation ou au contraire nous mettre sur la sellette, tout faire à la dernière minute, sans anticipation ni préparation, est devenu pour beaucoup un art.

« C'est pas grave, on verra ça demain ! »

Combien de fois ai-je pu entendre cette phrase qui se veut « cool », en mode « détente », sous couvert d'un pseudo

« carpe diem » se rapprochant tout de même d'un immense laisser-aller ?

Ce n'est pas grave, en effet, enfin, ça dépend des sujets…

Mais surtout, du plus anodin au plus important, le fait de traiter tout à la dernière seconde, sans aucune préparation ni travail en amont, amène forcément son lot de stress et d'angoisses, avant le couperet final : erreur ou échec.

Petite habitude de vie que je voulais pointer du doigt ici, à travers l'œil du chat, sans morale aucune, à chacun de choisir de changer ce mode de fonctionnement, ou non, mais…

Puisque nous parlons du chat, anticipe-t-il ses actions ? Prépare-t-il ses projets ? Abandonne-t-il quand le résultat n'apparaît pas dans un simple claquement de griffes ?

Le voyez-vous comme un animal purement instinctif ? Un animal qui ne suit que ses pulsions de l'instant ? Mais ne décelez-vous pas par moments son art de stratège, quand il se cache soigneusement pour mieux vous surprendre, quand il passe des heures devant un trou sans jamais vous répondre quand vous l'appelez ?

Quand le chat agit, il est prêt. Il a scruté le terrain, envisagé les options comme les portes de sortie. Et quand il doit affronter un ennemi, avant le combat, il va tout d'abord jauger son adversaire, envisager les possibilités de le mettre en fuite, ou calculer son mode d'attaque pour remporter la victoire. Il se prépare.

Un chat ne s'affole que lorsqu'il est surpris par un élément qu'il n'a pas vu venir dans son environnement.

Le chat prépare aussi ses désirs simples, comme quand, à l'instant où je saisis ces lignes, après m'avoir mis plusieurs coups de pattes sur les mains, il décide...

« Azeeertegvdvbvghyjjjhhj », de monter sur le clavier.

Il a prévenu, il a préparé, il a faim, le chat s'est imposé.

Et si comme le chat…

Nous cessions de courir en tous sens à la dernière minute, pour effectuer des tâches que nous aurions pu préparer en toute tranquillité ? La tranquillité de vie du chat est étroitement liée au fait qu'il anticipe ses besoins, qu'il prépare ses volontés, qu'il surveille et jalonne son terrain de vie, de jeu. Il n'est pas souvent surpris, contrairement à nous qui surnageons à cause d'une organisation de dernière minute, dans l'énervement.

Et si, comme lui, nous anticipions le maximum ? Cela n'empêchera jamais les surprises, ou les impondérables, mais à n'en pas douter, cela pourrait solutionner plus des trois quarts de nos tracas quotidiens, sous lesquels nous pouvons finir par crouler, faute de s'y être préparé.

À vous de jouer !

LA TO-DO LIST !

L'arme fatale pour rester zen et ne jamais être débordé !

Préparer sa to-do list chaque jour permet à la fois de ne rien oublier des tâches que l'on a à mener, comme des obligations auxquelles on doit répondre, mais surtout, cette liste nous permet de nous alléger mentalement. Et changer.

To-do list générale	To-do list du jour

Et changer pour vivre comme un chat

DE L'ANTICIPATION NAÎT LA TRANQUILLITÉ DE VIE.

Aujourd'hui, c'est chat ou c'est pas chat?

Avez-vous bien respecté ce que préconise le chat aujourd'hui ?

- ☐ Oui
- ☐ Non
- ☐ Chat va venir…

ALORS LES MÔMES, PRÊTS POUR VOTRE PREMIÈRE CHASSE ?
VOUS POUVEZ RÉPÉTER LA QUESTION ?
HEU...
YES !
HELP !
-SAM-

JOUR 27

CULTIVER L'AUTONOMIE DE NOS ENFANTS

« Pour que mini chat soit meilleur que chat. »
Le chat

Petit chaton deviendra grand

Pourquoi les humains crient-ils tout le temps après leurs mini-humains ? Je les vois s'énerver après eux, et les mini-humains deviennent à leurs tours surexcités, jusqu'à devenir insupportables. Comment pourraient-ils d'ailleurs rester calmes dans un tel environnement ?

Moi-même, aux premiers cris, je prends la tangente et je vais me planquer. Quand je pense qu'un simple miaulement autoritaire suffisait pour nous rappeler à l'ordre avec maman chat…

Aucun chat ne se fait respecter ni ne fait régner l'ordre par ses hurlements, seulement par une attitude ferme et autoritaire. Demandez à une maman chat !

CULTIVER L'AUTONOMIE DE NOS ENFANTS ! Comme un chat

Être père, mère, beau-père ou encore belle-mère n'est pas une responsabilité évidente.

Aider à grandir, apprendre, mettre des barrières, édicter des règles et les tenir, et tout faire encore pour que ces petits bouts s'épanouissent et apprennent.

Pas toujours facile quand le stress de nos vies ne nous offre pas toujours la patience nécessaire… Pas toujours facile, quand nous rentrons épuisés et que la seconde journée commence, à la maison, entre le bain à donner, les devoirs à faire, les affaires à préparer, et le repas à organiser.

Il arrive alors souvent, comme l'observe le chat depuis l'accoudoir du canapé, que nous finissions par être excédés du petit qui met deux heures à enfiler son pyjama, de la petite qui refuse de sortir de la baignoire après avoir transformé la salle de bains en piscine géante, et le ton monte, et le petit s'énerve, et le ton monte encore, et le repas brûle dans la cuisine… Et la soirée ne fait que commencer.

Il y a des centaines de raisons de s'énerver avec des enfants, parce qu'ils ne vont pas assez vite, parce qu'ils n'écoutent pas… Autant de petites tâches que l'on peut se mettre alors à faire à leur place pour « gagner du temps », tout en s'énervant.

Au bilan, personne n'a rien appris et tout le monde est sur les nerfs.

Souvenir d'un petit jeu que j'avais mis en place avec mon beau-fils qui rechignait à s'habiller le matin, afin qu'il fasse par lui-même, qu'il apprenne.

Je ne disais plus : « Mathis, habille-toi s'il te plaît ! », mais : « Mathis, je suis sûr que tu ne sais pas t'habiller en moins d'une minute ! »

« Ah ouais ! Tu vas voir ! », m'a-t-il répondu.

« Attention, je chronomètre ! Trois, deux, un... Feu ! »

Il grimpait les marches à toute allure pour se rendre à sa chambre, pour réapparaître quelques minutes plus tard, fin prêt.

Le jeu s'était substitué à l'ordre. Il ne restait plus qu'à féliciter, à encourager, plus jamais il n'y eut de caprices pour s'habiller pour partir à l'école.

Leur apprendre pour qu'ils soient autonomes, qu'ils fassent par eux-mêmes, ce que je me suis attaché, non sans mal par moments, à faire par la suite.

Maman chat apprend, protège, nourrit, nettoie, prend soin de ses petits, comme les humains.

Mais surtout, maman chat apprend au plus vite à ses chatons tout ce qu'elle sait, afin, non pas de les garder près d'elle comme de gros bébés, mais pour qu'ils deviennent AUTONOMES !

Bien entendu, chez les humains l'éducation se fait par les deux parents, mais l'un comme l'autre peut s'inspirer du modèle d'éducation de la maman chat.

Au-delà de tout l'amour et de la protection dont elle peut faire preuve envers ses chatons, elle n'aura pour principal objectif que de leur apprendre tout ce qu'elle sait, afin qu'ils puissent au plus vite savoir se protéger, se défendre, savoir chasser pour se nourrir, savoir préserver leur hygiène avec soin chaque jour... Pour qu'au final, les jeunes chatons puissent se lancer dans leurs vies, armés, prêts, en connaissant les dangers, pour qu'ils puissent non pas survivre, mais vivre, grandir et continuer à apprendre seuls sereinement.

Les chatons ne sont pas abandonnés à eux-mêmes, mais prêts à faire les premiers pas dans leur nouvelle vie.

Cela ne prend étonnamment que quelques mois, quelle efficacité en termes d'éducation ! De quoi nous en inspirer parfois, quand certains enfants ne savent toujours pas s'habiller seul ou tenir une fourchette à l'âge de huit ans... Mais au final, à qui la faute ?

Loin de moi l'idée de vouloir blâmer l'éducation que chacun met en œuvre, car en vérité, nous le savons tous, en fonction de chaque situation personnelle, chacun fait ce qu'il peut. C'est souvent déjà beaucoup. Mais peut-être qu'à travers le fonctionnement de la maman chat, nous pouvons tirer une nouvelle expérience en matière d'éducation pour soulager notre quotidien, aider nos enfants à grandir et à apprendre plus vite, et peut-être à travers cela, limiter les cris ?

Et si comme le chat…

Nous faisions une projection de tout ce que nous savons, de tout ce que nous avons de meilleur sur nos enfants ? Et pas de nos peurs !

Vous connaissez le dicton : « Quand un homme a faim, mieux vaut lui apprendre à pêcher que de lui apporter un poisson », ce que fait la maman chat, sans s'énerver, par l'exemple et avec fermeté.

À vous de jouer !

APPRENTISSAGE ET AUTONOMIE

Les parents ne savent pas toujours comment s'y prendre, ni s'ils font les bons choix. Tout le monde doute en matière d'éducation. Voici quelques pistes pour apprendre et partager avec vos enfants tout en cultivant leur autonomie.

- ☐ **Partagez une de vos passions,** c'est un moyen simple puisque vous adorez votre sujet. Vous aimez peindre ? Installez un petit chevalet au côté du vôtre pour partager cette passion avec votre enfant, le guider, et lui apprendre tout en le laissant faire, en vous amusant.

- ☐ **Les vêtements :** plutôt que de choisir à la va-vite pourquoi ne pas le laisser choisir le soir ce qu'il aura envie de mettre le lendemain pour se rendre en classe ? Il décide seul, et sera d'autant plus enclin à s'habiller rapidement et sans caprice. Petit rituel complice et rigolo du soir qui lui apprend à choisir, à décider pour lui.

- ☐ **La gestion et la valeur des choses.** Votre jeune ado veut refaire et décorer sa chambre. Bonne idée ! C'est aussi l'occasion de lui apprendre la valeur de l'argent. Vous pouvez lui faire plaisir en répondant oui à toutes ses envies, avec un budget élyséen, ou… Lui fixer un budget, et le laisser libre de décider de ses achats, à sa guise.

Et changer pour vivre comme un chat

ET DANS LE CALME,
PROPULSER SES ENFANTS DANS L'AVENIR,
POUR SOI-MÊME SE VOIR ENCORE GRANDIR.

Aujourd'hui, c'est chat ou c'est pas chat?

Avez-vous bien respecté ce que préconise le chat aujourd'hui ?

- ☐ Oui
- ☐ Non
- ☐ Chat va venir…

JOUR 28

TRAVAILLER À CE QU'ON AIME

« Le travail ? Un plaisir de chat ! »

Le chat

Work hard, play hard

Pourquoi mon humain ne parle tout le temps que de son « travail » ? Ils appellent ça comme ça entre eux. Mais c'est quoi le « travail » ?

C'est monter dans sa boîte métallique roulante pour en ressortir le soir ? Je ne sais pas, mais ça l'obsède, il ne parle que de ça. Et même quand ils se retrouvent entre amis, ils ne cessent de tourner en boucle sur le sujet. Souvent, cela les énerve, ils râlent, ils se plaignent. Le travail, qu'est-ce que c'est ? Un truc qui les rend de mauvaise humeur ?

Souvent ils disent : « Faut que j'aille travailler », en traînant la patte, en soufflant, sans grande envie, mais pourquoi ?

Si on me disait, « faut que t'ailles te baigner », à votre avis, irais-je ?

Pourquoi faire quelque chose que l'on déteste chaque jour ?

Pourquoi ainsi se faire du mal volontairement ?

TRAVAILLER À CE QU'ON AIME
Comme un chat

Ne plus travailler... Un rêve que beaucoup caressent...

Mais ne plus travailler, ce n'est pas ne plus rien faire. À bien observer parfois le quotidien des retraités ayant peu de hobbies, ne plus travailler, c'est la porte ouverte à l'ennui, à la routine poussiéreuse. Dans ces conditions, ne plus travailler, c'est ne plus vivre.

Il n'y a rien de très enviable à ne plus travailler, car a minima, le travail nous occupe et nous offre une place dans la société.

Les exemples ne manquent pas pour étoffer cette observation auprès de nos aînés, qui ne savent quoi faire rapidement de leur retraite et de ces semaines qui défilent sans plus de goût qu'hier, avec en moins, le sentiment de se sentir utile parmi les autres.

Alors, travailler ou ne pas travailler ? Ce n'est même pas une question en réalité.

Il est beaucoup de situations différentes, et chacun doit trouver un équilibre entre les ressources financières nécessaires et le plaisir qu'il retire à faire son travail.

Nombreux sont ceux qui considèrent le travail comme une activité pénible, quelque chose d'obligatoire et de négatif. Peut-être n'ont-ils jamais découvert de profession épanouissante ou stimulante. Ce n'est en ce cas pas leur faute, mais pour autant, rien n'empêche qu'ils sachent que cela existe, pour y réfléchir l'espace d'un instant, et peut-être, faire évoluer l'image qu'ils ont du travail.

Oui, j'en suis persuadé, pour chacun d'entre nous il y a une place de choix dans un domaine qui nous plaît, encore faut-il commencer par ne plus considérer seulement le verre à moitié vide, et le travail comme un bagne auquel on se doit chaque jour, d'aller pointer.

Restez au plus loin des moralisateurs qui prêchent la vérité sur ce que doit être le travail en répétant simplement ce qu'ils ont eux-mêmes subi.

Il n'est pas de petits métiers comme il n'est pas de petits plaisirs. **Il n'est en réalité que ce pour quoi nous sommes faits, ce qu'au plus profond de nous, sincèrement, on désire.**

Quand on travaille à ce que l'on aime, il n'est plus de pointeuse ni d'horaire, il arrive aussi que certaines soirées et week-ends disparaissent, mais pour une bonne raison, une belle cause : notre seul plaisir de faire.

« Le travail ? Un plaisir de chat ! », comme il nous le disait au début de ce chapitre. Pour lui, le travail n'existe pas. Il n'est que ce qu'il doit faire et ce qu'il aime faire.

Voilà ce qu'il nous faut trouver… le plaisir de faire !

Travailler à ce que l'on aime est une découverte qui peut survenir à l'occasion d'un voyage, des études, d'une expérience, d'un témoignage, d'un reportage, d'une rencontre, peu importe.

Trouver sa voie, même tardivement, est bien plus important que de s'acharner à faire toute une vie un travail qui ne nous plaît pas, mais qui est lié aux études que nous avons faites ou à notre histoire familiale, dans le cadre d'une entreprise dont on se doit de reprendre les rênes.

Alors, à trouver sa voie, à trouver sa place, on découvre un sentiment étrange, celui de ne plus travailler vraiment.

Quand la passion de notre métier l'emporte, il n'est alors plus de bagne, plus de chaînes, plus d'horaires, et à observer certains retraités hyper actifs, anciens entrepreneurs, il n'est pas vraiment non plus de retraite, tant les projets se poursuivent, quel que soit l'âge, loin bien loin de l'ennui et de la poussière qui attend.

Et si comme le chat…

Pour qui le concept de travail est complètement étranger, nous imitions sa vision des choses ?

Le chat fait ou ne fait pas. Mais quand le chat fait, c'est que ça lui plaît. Quoi de plus simple, résumé ainsi ?

À cet instant, au-delà même du fait de « travailler à ce que l'on aime », on se contente de « faire ce que l'on aime ».

Et comme pour le chat, tout ceci au final n'est qu'une question de choix.

CHUT.
ÇA RESTE
ENTRE NOUS.
-SAM-

À vous de jouer !

MA VIE, MON BOULOT !

Répondez sincèrement en cochant votre réponse.

QUESTIONS	NON	OUI
« Suis-je content de me lever chaque matin pour aller travailler ? »		
« Mon travail correspond-il à ce que j'ai envie de faire ? »		
« Mon travail rejoint-il l'une de mes passions ? »		
« Mon travail m'apporte-t-il des satisfactions, un épanouissement ? »		
« Ai-je l'impression d'apprendre et de progresser ? »		
« Ce travail me permet-il de subvenir à mes besoins comme à ceux de ma famille ? »		
« Ai-je des possibilités d'évolution dans ce que je fais ? »		
« Ai-je le sentiment de stagner, de m'ennuyer ? »		
« Ai-je envie de rester ? »		

Et si, de ces simples questions auxquelles vous avez répondu avec honnêteté, un nouveau lendemain pouvait survenir ?

Et changer pour vivre comme un chat

LÀ OÙ IL Y A DU PLAISIR, IL N'Y A PAS DE TRAVAIL.

Aujourd'hui, c'est chat ou c'est pas chat ?

Avez-vous bien respecté ce que préconise le chat aujourd'hui ?

- ☐ Oui
- ☐ Non
- ☐ Chat va venir…

JOUR 29

NE PAS COMPTER LES JOURS

« *Il n'est plus d'hier et pas encore de demain. Il n'est qu'aujourd'hui.* »

Le chat

Avant qu'il ne soit trop tard

Pourquoi mon humain fait-il chaque soir un petit dessin sur une feuille pleine de carrés ? On dirait qu'il compte quelque chose. Chaque soir, même rituel. Souvent il soupire devant cette page qu'il ne cesse de cocher. Une fois pleine de ses traits, une autre page lui succède.

Et pourquoi mon humain ne se réveille-t-il pas quand je lui passe la patte sur le bras ? Pourquoi reste-il ainsi sans bouger dans le lit ? Pourquoi mon humain ne réagit à aucun de mes câlins, à aucune de mes caresses ?

Du coup, je lui ai sauté sur le ventre jusqu'à ce qu'il se réveille !

Peut-être que demain, il finira par prendre conscience de certains comportements ridicules et inutiles qu'il se plaît à cultiver.

NE PAS COMPTER LES JOURS
Comme un chat

Au tout début de cet ouvrage, nous avions établi en préambule que pour le chat, le temps n'existait pas. Qu'il n'était donc pas nécessaire de suivre ces trente jours comme un entraînement en salle de sport, mais de venir y saisir suivant votre bon vouloir, ce dont vous aviez peut-être besoin comme éclairage du fonctionnement du chat, à adapter dans votre vie.

En posant la question : « Pourquoi mon humain ? », en nous mettant à sa place, ce sont des pistes et des réponses à la question : « Que ferait le chat à ma place dans cette situation ? », qu'ensemble, nous avons pu découvrir.

C'est sur ce constat que nous pouvons presque terminer cette observation du fonctionnement du chat, à nous placer dans son œil : pour lui, le temps n'existe pas.

De cette évidence, c'est tout un mode de vie et de fonctionnement bien différent du nôtre qui en découle.

Quel soulagement de vie à bien y réfléchir, quelle libération pour tout ce qu'il fait, pour tout ce qu'il désire. Ne tenir compte que de l'instant présent, pleinement, c'est pour le chat aller bien plus loin que cet état de « pleine conscience » que nous tentons d'atteindre par la méditation.

Ce qui est une évidence de vie pour lui est un travail pour nous.

Qu'adviendra-t-il demain ? Angoisse de l'être humain, sans souvent même ne pas considérer aujourd'hui.

« Il n'est plus d'hier et pas encore de demain. Il n'y a qu'aujourd'hui. », nous dit le chat.

Il n'y a qu'aujourd'hui, et ce que nous en faisons.

Alors pourquoi s'éterniser plus longtemps ?

Vous êtes devenu un chat à présent, alors, tournez les dernières pages de ce livre, pour écrire la nouvelle page de votre vie dès aujourd'hui.

C'est cela vivre comme un chat, ne pas se retourner sur le passé, ne pas se projeter dans le futur, mais vivre et écrire sa vie dans le présent, comme lui le fait chaque matin, sans craindre ni anticiper les jours prochains mais en se contentant de les accueillir, heureux, vierge du passé, vierge de l'avenir.

Et si comme le chat...

Nous ne tenions plus compte d'hier pour vivre aujourd'hui ?

Et si comme le chat...

Nous ne tenions plus compte de demain pour vivre aujourd'hui ?

La vie est magique quand le chat est là, et l'on devient magique lorsqu'on décide de vivre comme un chat.

HEP !
ON VOIT TON TROU DE BALLE
ÇA FAIT MAUVAIS GENRE
-SAM-

À vous de jouer !

Reliez les points, prenez le temps de vivre… Et changer !

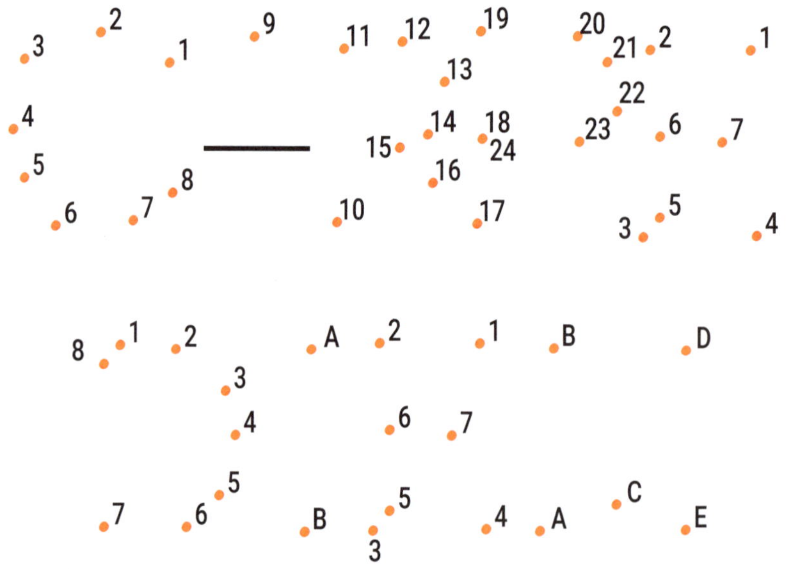

Pour vivre comme un chat

NE COMPTEZ PLUS LES JOURS.
VIVEZ DANS LE PRÉSENT DÈS AUJOURD'HUI !

Aujourd'hui, c'est chat ou c'est pas chat?

Avez-vous bien respecté ce que préconise le chat aujourd'hui ?

- ☐ Oui
- ☐ Non
- ☐ Chat va venir…

JOUR 30

AVOIR CONFIANCE ET CROIRE

« Je me suis fait ma propre religion. C'est plus simple, il y a moins de contraintes. »

Le chat

Il était une fois

Pourquoi mon humain pleure souvent depuis quelques jours ? Que s'est-il passé dans sa vie ?

Nous connaissons la tristesse, nous aussi les chats. Nous savons ce qu'est la perte d'un être cher, comme j'ai pu être triste et me sentir seul, quand mon frère n'est jamais revenu un jour de sa promenade.

Mais pleurer, c'est avant tout pleurer pour soi, quand au fond de moi, je sentais encore qu'il était là, au loin, quelque part.

Quelle que soit la difficulté, la perte à venir, il n'est qu'un choix pour nous, chats. Vivre encore pour le meilleur, garder en mémoire, et savoir que le plus beau de la vie reste à venir.

Assis entre deux mondes, peut-être croyez-vous que nous sachions ce qui se dessine de l'autre côté de la vie… Peut-être que nous le savons, peut-être que nous y croyons… Cela n'a que peu d'importance finalement.

Mais une chose est certaine, nous savons que la mort fait partie intégrante de la vie, sans nous mentir, sans chercher à allonger nos jours ici. Des jours qui n'ont plus aucun sens quand l'âme elle, est déjà partie.

Et quand il est l'heure, nous vous jetons un dernier regard avant de partir quelque part nous endormir.

Seule la vie compte, et croire c'est déjà savoir, sans que je ne puisse encore vous dévoiler ici l'envers du miroir.

Ayez confiance en chaque jour, en vous, en la vie, le reste n'est que temps qui passe et passages de livres qui se terminent.

Nos vies comme les vôtres sont des livres. Ne reste qu'à dévorer chaque ligne avec passion, comme chaque jour de vie, avant de tourner la dernière page, tout en gardant le sourire.

AVOIR CONFIANCE ET CROIRE
Comme un chat

Il est des jours où l'on a envie de tout laisser tomber et de ne plus faire d'efforts pour continuer.

Et puis, ne pas se retourner…

Si facile de ne plus vouloir vivre, de ne plus vouloir voir. Si facile de ne plus vouloir croire.

Croire encore en nous et en ce que la vie nous promet de nous offrir à l'instant T.

Je me demande à cet instant qui sera arrivé jusqu'à cette ligne. Qui aura eu la volonté de tourner chaque jour une page, sa propre page, sans jamais laisser tomber ?

Les livres sont des expériences de vie que l'on entame, sans parfois vouloir aller jusqu'au bout, ni par moments en assumer les impacts sur soi, quand cela dérange un certain confort de vie.

Et changer, je le disais au départ, est tout l'objectif de cet ouvrage. Changer. En avoir la volonté et l'accepter.

Est-il une bonne étoile sur ce long tracé de vie qui flotte au-dessus de nous pour nous épauler, nous soutenir ?

Peut-être…

Je n'ai plus de religion hormis celle que je me suis construite. Et pourtant je crois, profondément.

Peut-être est-il une bonne étoile qui flotte au-dessus de nos vies ? « Peut-être » est certainement de trop dans ces lignes, à tel point j'en suis convaincu, à tel point que je sais qu'il est là.

Il est là à chaque instant, près de moi, à câliner ma vie, assis à mes côtés dans le canapé à l'instant où je vous écris.

Il est là, il est chat.

Il veille sur ma vie, toujours là quand tout va mal, toujours là quand tout va bien aussi.

Et nos vies n'en forment plus qu'une à cet instant-là, quand je cherche encore à vous convaincre dans ces dernières pages, après ces trente jours passés ensemble, que le chat est Vie, et que nous avons tout à apprendre de lui.

Je vous souhaite le meilleur et un peu plus à ses côtés.

Je vous souhaite tout ce que chaque nouvelle journée pourra vous offrir, même parfois le plus dur, pour encore grandir.

Je vous souhaite de comprendre dans ces lignes tout ce qu'on ne m'a jamais dit, et que seul le chat a su m'offrir en me poussant à observer nos vies à travers son regard.

Nous parlions du temps qui n'existe pas pour le chat au début de cette promenade. Nous avons parlé au fil des jours, de ce que nous ne voulions parfois ni nous avouer ni nous dire.

Alors, si à cette ligne vous décidez de devenir un chat, agissez pour faire en sorte que votre vie ne soit plus que plaisirs.

Et si j'écoute mon chat…

Les chats nous appellent, nous conseillent, nous invectivent, et nous, campés sur nos pattes arrière, du haut de notre taille, nous poursuivons notre raisonnement, notre intellect sans pour autant toujours comprendre l'essentiel de ce que nous devrions écouter, faire, vivre.

Miaou ! dit le chat. Autant d'intentions que de messages différents dans ce miaulement, dont souvent nous ne savons saisir les nuances pour en décrypter tout son sens.

Un *miaou* pour ceci, un *miaou* pour cela… Nous n'entendons souvent que des *miaou*, quand lui vient de nous dire tellement de choses bien différentes.

Comprendre les chats, le rêve de centaines de millions d'humains sur cette planète, mais plus encore, comprendre ce qu'ils aimeraient nous dire.

Ce qu'ils ont choisi en se rapprochant de nous : devenir un confident, une aide et un soutien, jusqu'à faire de nous des chats, pour enfin envisager le monde dans leur pupille. Envisager le monde comme eux, jusqu'à finir par croire en sa magie.

AVOIR CONFIANCE EN LA VIE, C'EST VIVRE COMME UN CHAT.

Aujourd'hui, c'est chat ou c'est pas chat?

Avez-vous bien respecté ce que préconise le chat aujourd'hui ?

- ☐ Oui
- ☐ Non
- ☐ Chat va venir…

À vous de jouer !

Comptez le nombre de « oui », « non » et « chat va venir » que vous avez coché tout au long du cahier et reportez-les dans cette grille. N'oubliez pas de compter celui du jour 30.

JOURS				JOURS			
1				16			
2				17			
3				18			
4				19			
5				20			
6				21			
7				22			
8				23			
9				24			
10				25			
11				26			
12				27			
13				28			
14				29			
15				30			

Arrivé au terme de ces trente jours, pouvez-vous affirmer comme en première ligne de cet ouvrage :

Ça y est, aujourd'hui je suis un chat !

Vous avez une majorité de OUI :

C'est parfait ! Zénitude, indépendance, tranquillité et confort de vie vous accueillent les bras ouverts dès aujourd'hui. Vous avez laissé infuser les principes du chat dans votre vie, vous les cultivez jour après jour. Ils font partie intégrante de votre existence et vous avez parfaitement compris que le fonctionnement du chat est un système global et cohérent. Instinctivement vous avez réussi à adapter votre comportement humain à celui du chat.

Bravo, il est temps maintenant pour vous de ronronner de plaisir et de profiter de la vie, comme un chat !

Vous avez une majorité de NON :

Aïe ! Pourquoi ? Trop de pression, trop de craintes dans votre vie ? Une mauvaise image de vous-même ?

Comme je le disais au début de cet ouvrage, vivre comme un chat, c'est avant tout accepter de changer. Changer de comportement, changer d'habitudes, changer notre manière d'observer le monde, pour y instiller le regard du chat, sa manière d'agir et de penser.

Et si vous repreniez certains thèmes de cet ouvrage qui vous parlent le plus et que vous considériez les efforts à faire comme un simple jeu ?

Choisissez-en un, adoptez l'angle d'approche du chat en vous amusant et observez les résultats sur vous-même comme avec votre entourage. Peut-être qu'alors, vous serez convaincu que vous avez tout à gagner à changer certaines manières d'agir.

Essayez à nouveau sur un autre thème, prenez votre temps, amusez-vous à réagir comme un chat, pour dans quelque temps en devenir un !

Vous avez une majorité de CHAT VA VENIR :

Encore quelques hésitations, mais vous êtes sur la bonne voie !

Avant de pouvoir changer de comportement, il faut parfois un temps de digestion. Il arrive qu'il soit nécessaire de laisser mûrir pour s'approprier de nouvelles idées, afin de les intégrer à nos pensées et à notre mode de fonctionnement.

Changer son angle d'approche pour adopter celui du chat peut se faire en un claquement de doigts pour certains, quand d'autres, intégreront cela par petites touches, au fil du temps.

Vous avez tout votre temps, comme le chat !

Peut-être serait-il utile de reprendre cet ouvrage depuis le début. Vous vous apercevrez alors que vous pourrez changer votre réponse sur certains thèmes en passant de « Chat va venir » à « Oui ». La magie du chat aura opéré, la transformation sera en marche, vous serez alors devenu un chat !

Quoiqu'il arrive, un jour ou l'autre j'en suis sûr, vous appartiendrez à la grande confrérie des chats, et vous pourrez dire :

« Nous sommes légions, nous n'oublions pas, craignez-nous, nous sommes chats ! »

ET HOP !
LES YEUX FERMÉS !
-SAM-

Promenade SUR LES TOITS

Alors que mon maître dort, j'entame ma ronde de nuit et me pose face à la lune.

Et si j'étais un peu plus qu'un homme, un peu plus qu'un chat ?

Je ne suis que peu de chose sur cette Terre, mais si…

Si vraiment j'étais un peu plus qu'un homme, un peu plus qu'un chat, sans plus aucune attente, sans plus de lien ni de dépendance dans cette vie ? Juste les actes d'amour que j'ai posé, que j'ai choisi…

À observer les astres, je ne vois que des dieux qui siègent à mes côtés, quand le monde dans mes yeux, n'est que celui que j'ai désiré.

Insomnie chronique, je me lève et jette un œil par la fenêtre. Je vois au loin, mon chat, en équilibre sur quelques centimètres, sans bouger, la tête plantée dans les étoiles.

Nous sommes tous un peu plus qu'humain, à communiquer pour tenter de nous comprendre, d'évoluer, de nous aimer.

Nous sommes tous un peu plus que chat, à encore nous chercher parmi les étoiles, les victoires et les gloires, les existences intouchables et tant rêvées.

Nous regardons le ciel et la lune qui brille le soir, et nous en appelons à tous nos souhaits, même quand nous n'avons plus la force de croire. Car parmi les étoiles, il nous est offert la force d'aimer.

Que faites-vous encore là ?

Le présent est passé.

La page est tournée.

À présent, vivez comme un chat !

SOLUTION DU TEST
JOUR 2

Anagrammes

PLAISIR
S'AMUSER
CONTENTEMENT
FANTAISIE
AMOUR
CHARME
GAIETÉ

SOLUTION DU TEST
JOUR 13

Des proverbes sur la séduction et l'amour à compléter

« Suis-moi, je te fuis ; fuis-moi, je te suis. »

« Il vaut mieux être seul que mal accompagné. »

« L'amour ne laisse qu'une seule occupation, penser à l'être aimé. »

« En amour, l'aveu le plus naïf est toujours le plus sincère. »

« En donnant de l'amour, on finit par en prendre. »

Remerciements

SPÉCIALE DÉDICACE

Pour la publication de ce 18ᵉ ouvrage en tout juste quatre ans aux Éditions de l'Opportun, je tiens à remercier du fond du cœur, toute l'équipe qui ne compte jamais son énergie ni ses heures !

Sont donc chat-leureusement nommés :

Charlotte, Aurélie, Savannah, Pauline, Zoé et Noémie, sans oublier il capo dei capi, *Stéphane Chabenat !*

MERCI À TOUS !

Mes meilleures pensées et toute ma gratitude pour votre confiance, votre efficacité, votre disponibilité, votre bonne humeur et votre sourire de chaque instant !

Stéphane

Stéphane
GARNIER

www.stephanegarnier.com
www.facebook.com/stephanegarnier.officiel
www.linkedin.com/in/stephanegarnier
www.instagram.com/stephane.garnier.auteur

Bibliographie

– *L'art (très) délicat des prédictions*, Éditions de l'Opportun, 2020

– *J'ai décidé d'être libre... c'est bon pour la santé*, Éditions Ideo, 2020

– *Agir et penser comme Le Petit Prince*, Éditions de l'Opportun, 2020

– *Je cartonne à l'oral*, Éditions de l'Opportun/ L'Étudiant, 2020

– *Agir et penser comme James Bond*, Éditions de l'Opportun, 2020

– *Espions, Petits et grands secrets*, Éditions de l'Opportun, 2020

– *Les meilleurs slogans de manif*, First Éditions, 2020

– *Légendes à la con*, (réédition illustrée), First Éditions, 2020

– *C'était Chirac*, Éditions de l'Opportun, 2019

– *Agir et grandir comme un chat*, Albin Michel / Éditions de l'opportun, 2019

– *Agir et penser comme un chat – Saison 2*, Éditions de l'Opportun, 2019

– *J'ai décidé d'être heureux... c'est bon pour la santé*, Éditions Ideo, 2019

– *Le chat en 500 citations*, coll. Poche, Éditions de l'Opportun, 2019

– *Karma of cats* – Collectif d'auteurs, Sounds true Editions (US), 2019

– *Péter sans se faire griller*, Éditions Tut-Tut/Éditions Leduc.s, 2019

– *C'est vraiment trop con de finir comme ça !* Éditions de l'Opportun, 2019

– *Off – Ta vie commence quand tu raccroches*, Éditions de l'Opportun, 2018

– *Agir et penser comme un chat – Cahier d'exercices*, Éditions de l'Opportun, 2018

– *Catissime, l'encyclopédie du chat,* Éditions de l'Opportun – 2018

– *#Balancetonmacho – Les Oscars de la misogynie*, Éditions Tut-Tut/Éditions Leduc.s, 2018

– *T'as pris combien ? 9 mois comme tout le monde*, Éditions Tut-Tut/Éditions Leduc.s, 2018

– *Bienvenue dans Ch'nooord*, Éditions Tut-Tut/Editions Leduc.s, 2018

– *Super Radin*, Éditions de l'Opportun, 2017

– *Agir et penser comme un chat*, Éditions de l'Opportun, 2017

– *Le chat en 500 citations*, Éditions de l'Opportun, 2017

– *Ma vie en mode Feignasse* – Fergie & Stéphane Garnier, Éditions de l'Opportun, 2017

– *Comment le Petit Mélenchon est devenu le plus grand !* Éditions de l'Opportun, 2017

– *Légendes à la con*, First Éditions, 2017

– *La lutte, c'est classe !* First Éditions, 2016

– *Perles de politiques*, First Éditions, 2015

– *Perles de People*, First Éditions, 2015

– *L'homme sans contrainte*, Éditions Max Milo / Alphares, 2014

– *Il y a l'océan*, TdB Editions, 2009

Achevé d'imprimer en France
par SEPEC en février 2021.
Numéro d'impression : 09041210203
Dépôt légal : mars 2021
ISBN : 9782380152050

IMPRIM'VERT®